A. Sattler: So kaufen Sie eine Firma oder eine Beteiligung

Andreas Sattler

So
kaufen Sie eine Firma
oder eine Beteiligung

RENTROP

VERLAG

Andreas Sattler, Dipl.-Wirt.-Ing. (FH), Dipl.-Betr.-Päd., ist Geschäftsführer der Sattler & Partner GmbH, Unternehmensberatung in Schorndorf/Stuttgart und Köln. Die Schwerpunkte der Firma sind Management-Training sowie Beratungen und Seminare insbesondere im Bereich der Existenzgründung und des Firmenkaufs.

CIP-Titelaufnahme der Deutschen Bibliothek
Sattler, Andreas:
So kaufen Sie eine Firma oder eine Beteiligung / Andreas Sattler
– 1. Aufl. – Bonn : Rentrop 1990
ISBN 3-8125-0105-8

1. Auflage Januar 1990
© 1990 by Verlag Norman Rentrop, 5300 Bonn 2

Satz: Lichtsatz Jürgen Gluske, Köln
Druck: Druckerei Laub, Elztal-Dallau
Umschlaggestaltung: Thomas Lutz, Bernkastel-Kues
Lektorat: Markus Burbach, Bonn
        Luzia Daheim, Bonn
Herstellungsleitung: Monika Graf, Bonn
Objektleitung: Detlef Reich, Bonn

Verlag Norman Rentrop, Theodor-Heuss-Str. 4, 5300 Bonn 2
Tel. 0228/82050, Telex 17228309 (ttx d), Teletex 228309 = rentrop,
Telefax 0228/364411
ISBN 3-8125-0105-8

Die Angaben in diesem Buch beruhen auf sorgfältigen Recherchen des Autors. Es gilt jedoch zu beachten, daß die Angaben Änderungen unterliegen. Verlag und Autor können daher keine Haftung für Vollständigkeit und Richtigkeit der Angaben in diesem Buch übernehmen. Für Verbesserungsvorschläge und Hinweise auf Fehler sind Verlag und Autor dankbar.

Inhaltsverzeichnis

Vorwort

Die Verhandlungen über einen Kauf einer Firma oder die Übernahme einer Beteiligung sind aufgrund ihre Komplexität nicht
kurzfristig realisierbar. Sie bieten vor allem für den Interessenten
eine Fülle von Stolperstellen und erfordern mehr als bei jeder
Neugründung eines Unternehmens professionelles Know-how,
bedingt durch die Anforderungen im Risk-, Technologie- und
Marketingmanagement.

Der Käufer muß sich angesichts der aus einer Unternehmens-
übernahme ergebenen gesellschaftlichen Verantwortung ausreichend vorbereiten und das vertretbare Risiko bestimmen.

Vor allem wird seine Entscheidungskompetenz gefordert sein!
Hierfür sind eben solche qualifizierten Informationen unabding-
bar, wie sie in diesem Buch von Andreas Sattler erarbeitet und
außerordentlich transparent zusammengestellt worden sind.

40 Jahre nach Beginn des „Deutschen Wirtschaftswunders" ist
es auch angebracht, ein im Grundgesetz verankertes Element unserer Wirtschaftsordnung – die unternehmerische Freiheit – mit
einem bisher selten behandelten sozialen Aspekt stärker zu ver-
knüpfen. Grundsätzlich ist durch Artikel 12 GG die Gründung
freier Unternehmen und die Führung von Unternehmen ge-
schützt. Andererseits ergibt sich aus Artikel 14 (2) unserer marktwirtschaftlichen Ordnung eine grundrechtliche Gewährleistung
der sozialen Elemente im unternehmerischen Verhalten, da dessen Wirkungen weit über das wirtschaftliche Schicksal des eigenen
Unternehmens hinausreichen.

In der Regel werden die Unternehmer diesen Anforderungen
im allgemeinen Tagesgeschäft auch gerecht. Aber wie schlecht sichern die Unternehmer für ihre Familien/Erben, die Mitarbeiter

und für die ebenfalls vom zukünftigen Schicksal des Unternehmens abhängigen Geschäftspartner, wie z. B. Lieferanten, Kunden, Financiers und die Kommunen, den Fortbestand des Unternehmens für die nächsten Generationen ab!

Einer aktuellen Umfrage zufolge halten sich 70% der Unternehmer für unersetzlich, aber nur 23% haben eine Regelung für ihre Vertretung getroffen! Es ist also kein Wunder, wenn in diesen Zeiten eines stärkeren internationalen Wettbewerbs mittelständische Unternehmer zunehmend Opfer einer Konzentrationswelle mit den allgemein bekannten Nachteilen werden, nachdem keine geeigneten Nachfolger-Lösungen die Eigenständigkeit der Unternehmen sichern konnten.

In vielen Fällen ist ein Nachfolger aus der Unternehmer-Familie nicht in Sicht, wenn der Gründer oder Seniorchef aus Altersgründen das Ruder einem anderen überlassen will oder muß.

Zu oft werden dann die Ressourcen im firmeneigenen mittleren Management oder Führungskräfte aus der Branche als potentielle Übernehmer des Unternehmens nicht wahrgenommen.

Nachdem jedoch nach der Demokratisierung der Arbeitswelt und durch kooperative und partizipative Führungsstile immer mehr handlungsfähige und verantwortungsbewußte Mitarbeiter in die Unternehmen hineinwachsen, sollte es mittelständischen Unternehmern mehr und mehr gelingen, langfristige Konzepte zur Unternehmenssicherung partnerschaftlich zu entwickeln.

Ich würde mich vor allem darüber freuen, wenn es mittels dieses Buches weiteren Führungskräften gelingen würde, die Substanz unseres leistungsfähigen Mittelstands durch die Übernahme einer tätigen Beteiligung oder eines Unternehmenskaufes zu erhalten.

Mainz, im Oktober 1989   Carl-Heinz Schütte

Bundesvorstand der Wirtschaftsjunioren Deutschland

I. Einleitung

Tagtäglich hört und liest man in den Medien von spektakulären Firmenübernahmen bei den „Großen" der Wirtschaft. So zum Beispiel, als ein Unternehmensteil des Flugzeugherstellers Dornier von der Daimler-Benz AG übernommen wurde. Mehr im Stillen denken aber auch viele mittelständische Unternehmer über Beteiligungskäufe nach. Und die Zahl solcher Beteiligungen steigt ständig.

Ebenso ziehen viele Existenzgründer, die den Schritt in die Selbständigkeit noch nicht gewagt haben, den Kauf einer bestehenden Firma als Alternative zur „echten" Gründung in Betracht. Solch ein Firmenkauf kann für den Gründer eine Menge Vorteile haben: Er kann zum Beispiel auf einen vorhandenen Kundenstamm zurückgreifen und mit einer gewünschten Betriebsgröße starten. Doch die hierbei bestehenden Risiken müssen vorher sorgfältig abgewogen werden.

Bei der Planung eines Firmen- oder Beteiligungskaufs stehen Sie als Existenzgründer oder Mittelständler vor einer Vielzahl offener Fragen und Probleme: Woher bekomme ich interessante Angebote über zum Verkauf anstehende Firmen? Welche rechtlichen Aspekte muß ich bei einem Unternehmenskauf beachten? Wie ermittle ich den tatsächlichen Wert eines Kaufobjektes? Welcher Weg ist für mich wirtschaftlich interessanter: kaufen oder gründen?

Dieses Buch will Ihnen einen Einstieg in das vielschichtige Thema „Unternehmenskauf" verschaffen und Ihnen Hilfestellung auf dem oft gewundenen Weg von der Suche nach einem passenden Objekt bis hin zum Abschluß eines Kaufvertrages geben. Es soll Ihnen ermöglichen, den Kauf in allen Fragen möglichst optimal zu planen und zu steuern. Zahlreiche Checklisten sollen Ihnen hierbei als Arbeits- und Orientierungshilfe dienen, damit Sie selbst überprüfen können, ob Sie alle wesentlichen Punkte bedacht haben, bevor Sie sich zum Kauf einer Firma oder einer Beteiligung entschließen.

Aber – um es vorwegzunehmen – ohne ein wenig Rechnen geht es in der Praxis leider nicht. Und auch nicht ganz ohne fachmännischen Rat. Denn jede konkrete Kaufsituation hat ihre eigenen Spielregeln und muß anhand der gegebenen individuellen Umstände beurteilt werden. Da kann gerade die Unterstützung durch einen geschulten Berater in jeder Hinsicht von Vorteil sein.

II. Was für ein Unternehmen suchen Sie?

Wenn Sie sich am Markt umsehen, wer als potentieller Käufer von Unternehmen oder Beteiligungen auftritt, so können Sie feststellen, daß es sich entweder um Existenzgründer oder um bereits bestehende Firmen handelt. Für beide Gruppen gibt es unterschiedliche Ausgangsbedingungen und Ziele.

Der Existenzgründer als Käufer

Wenn Sie sich selbständig machen wollen, stehen Sie vor der Frage: Soll ich gründen oder kaufen?

Sehr zum Vorteil unserer heimischen Wirtschaft und unseres marktwirtschaftlichen Systems ist das Interesse der Selbständigkeit seit Ende der 70er Jahre ungebrochen. Das war nicht immer so.

Von 1977 bis 1985 sind in der Bundesrepublik Deutschland 6,07 Millionen Arbeitsplätze neu geschaffen worden. Davon entfallen 58 Prozent oder 3,52 Millionen Arbeitsplätze auf Neugründungen und 42 Prozent oder 2,55 Millionen Arbeitsplätze auf expandierende ältere Betriebe. An diesen Zahlen sieht man ganz deutlich, welche volkswirtschaftliche Bedeutung Betriebsgründungen in unserer Marktwirtschaft haben. Mit dem Existenzgründungsboom und der Zahl der Gründungsinteressenten wuchs natürlich auch die Zahl derjenigen, die nach Alternativen zur „normalen" Gründung suchen. So erlebten meine Mitarbeiter und ich selbst, insbesondere in Gründungsseminaren, daß immer mehr Personen sich über die Möglichkeiten und Chancen von Beteiligungs- bzw. Firmenkäufen informieren wollen.

Es kann sich in der Tat lohnen, nicht ganz von vorne anzufangen, sondern ein bereits bestehendes Unternehmen oder einen Teil davon zu erwerben. Denn möglicherweise kann ein solider Kundenstamm übernommen werden, dessen Neuaufbau unverhältnismäßig teuer wäre. Oder aber man möchte ganz einfach gleich mit einer Betriebsgröße starten, die bei einer Neugründung erst nach einigen Jahren möglich wäre.

Je nachdem, wo Sie als Kaufinteressent Ihre persönlichen Fähigkeiten sehen und meinen, Ihre Kenntnisse und Stärken optimal einbringen zu können, können Sie die verschiedenartigsten Objekte für einen Kauf ins Auge fassen.

Sehen wir einmal von den jeweiligen konkreten unternehmerischen Interessen ab und betrachten die charakteristischen Motive bei Existenzgründern für den Kauf eines Unternehmens oder einer Beteiligung, so haben wir es häufig mit einem der vier folgenden Käufertypen zu tun:

Für den „Perlensucher" ist nur ein Unternehmen interessant, das über einen langen Zeitraum eine stabile Umsatz- und Kostenstruktur aufgewiesen und satte Gewinne abgeworfen hat. Er erwartet dies auch für die Zukunft und ist sich sicher, daß der Markt und die anderen äußeren Bedingungen auch dafür sorgen, daß es so weitergeht. Solche Objekte sind die teuersten, da die Übernahme gestandener Unternehmen weniger risikoreich ist.

Der „Sanierer" schaut sich nach notleidenden Unternehmen um und weiß aus Erfahrung, daß er die Firma, die er da kauft, auf jeden Fall wieder in Schwung bringt. Die Schwerpunkte seiner Arbeit liegen in einer Konsolidierung der Finanz- und Kostenstruktur. Diese Aufgabe ist etwas für Profis und wir können jedem davon abraten, der hierbei nicht bereits über einschlägige Kenntnisse und Erfahrungen verfügt.

Der „Verkaufsprofi" ist ein Kaufinteressent mit ausgeprägt unternehmerischer, besonders aber mit vertriebsorientierter Prägung. Vielleicht kommt er sogar aus dem Vertrieb und konnte sowohl als Verkäufer wie auch als Vertriebsleiter immer zweistellige Zuwachsraten im Jahr vorweisen. Für ihn ist das Unternehmen das Richtige, das eigentlich gesund ist und gute Produkte hat, dem es aber am erfolgreichen Vertrieb fehlt. Es ist enorm, was aus manchen Betrieben geworden ist, nachdem ein Verkaufsprofi das Ruder übernommen hatte.

Der clevere „Technologe" interessiert sich besonders für Unternehmen, von denen er weiß, daß deren Produkte in ein paar Jahren „out" sind. Das weiß vielleicht auch die jetzige Geschäftsführung und verkauft deshalb schneller und preiswerter. Der clevere Technologe aber schätzt das know-how und die Kapazitäten und Möglichkeiten der Produktionsanlagen kühl ein und überlegt sich bereits vor dem Kauf genau, mit welchem „zweiten" Bein er in wenigen Jahren den Umsatz des heutigen Prioritätsprodukts ersetzen bzw. verbessern wird.

Das Unternehmen als Käufer

Auch bei Unternehmen, die andere Firmen oder Beteiligungen kaufen wollen, sind es unterschiedliche Interessen, die zu einer Transaktion führen können.

Stellen Sie sich vor, Sie sind bereits seit Jahren unternehmerisch tätig und produzieren Sportgeräte. Es ergibt sich für Sie die Möglichkeit, ein Unternehmen zu erwerben, das im selben Bereich produziert. Hier wäre unter Umständen ein Kauf sinnvoll. Denn mit dem Erwerb eines solchen Unternehmens können Sie von heute auf morgen Ihren Marktanteil und damit auch Ihre Marktposition im Vertrieb von Sportgeräten verbessern. Außerdem schalten Sie auf diese Weise vielleicht einen unliebsamen Mitbewerber aus. Man spricht hier von einem Kauf auf horizontaler Ebene. Rein zahlenmäßig überwiegt diese Art des Unternehmenskaufs nach einer Statistik des Bundeskartellamtes und repräsentiert knapp zwei Drittel der registrierten Unternehmenszusammenschlüsse im Zeitraum von 1979 bis 1984.

Beim sogenannten vertikalen Zusammenschluß interessieren Sie sich für ein Unternehmen, das nicht im gleichen Bereich tätig ist wie Sie, sondern möglicherweise bisher Zuliefererdienste für Sie erbracht hat. Wenn Sie also beispielsweise eine Firma im Bereich des Apparatebaus betreiben, dann wäre der Zukauf einer Gießerei unter Umständen für Sie interessant. Diese Art der Übernahme kann von Fall zu Fall sinnvoll sein, muß es aber nicht. Denn nicht immer ist das Selbermachen günstiger als der Einkauf bestimmter Teilaufgaben.

Eine dritte Möglichkeit ist schließlich das sogenannte Konglomerat. Hier sind die Lieferanten, die Kunden, das Produktionsprogramm und gegebenenfalls die Technologie verschieden. Diese Möglichkeit werden Sie dann nutzen, wenn Sie beispielsweise in eine Branche einsteigen wollen, mit der Sie bisher nichts zu tun hatten, die Ihnen aber sehr zukunftsreich erscheint. So wäre es unter Umständen denkbar, daß Sie als Betreiber eines Wohnungsbauunternehmens sich nun für den Kauf eines Unternehmens, das Freizeitartikel herstellt, interessieren. Derartige Transaktionen führen manchmal zu regelrechten „Gemischtwarenläden". Solche Unternehmen können recht erfolgreich sein, gehören jedoch fast nie zu den Spitzenverdienern.

Natürlich gibt es noch andere Arten von Kaufinteressenten, die am Markt auftreten. Hervorzuheben sind hier beispielsweise Kapitalbeteiligungsgesellschaften, die sich für profitable Firmen und Beteiligungen mit qualifiziertem Management interessieren. Diese Firmen wollen dann nach einer angemessenen Anlaufphase eine hohe Rendite auf ihr eingesetztes Kapital und darüber hinaus noch einen Veräußerungsgewinn erzielen, wenn sie das eingekaufte Unternehmen bzw. die eingekaufte Beteiligung nach einigen Jahren wieder abstoßen.

Zu erwähnen sind hier im übrigen noch diejenigen Firmenkäufer, die einen Unternehmenserwerb in erster Linie als Kapitalanlage betrachten, wobei diese Anleger jedoch in der Praxis Beteiligungskäufe vorziehen.

Die Motivation, sich an einem Unternehmen zu beteiligen oder gar ein ganzes Unternehmen zu erwerben, hat natürlich häufig auch etwas mit wirtschaftlichen Trends zu tun. So haben sich Käufer in den vergangenen Jahren häufig für den Erwerb von Firmen aus typischen Wachstumsbranchen interessiert, wie zum Beispiel für Betriebe aus den Bereichen Software-Herstellung und Kommunikationstechnik.

Wichtig für Sie ist, bevor Sie sich zu einem Kauf oder einer Beteiligung entschließen, daß Sie sich über Ihre eigenen Motive für einen solchen Schritt im klaren sind. Seien Sie hierbei ganz ehrlich zu sich selbst. Wenn Sie meinen, der Kauf eines Unternehmens aus einer gerade wirtschaftlich expandierenden Branche, die Ihnen jedoch persönlich noch unbekannt oder nur wenig bekannt ist, wäre für Sie interessant, sollten Sie die Ihnen bislang vorliegenden Informationen hierüber auf jeden Fall überprüfen. Sprechen Sie beipielsweise mit einem Berater bei Ihrer Industrie- und Handelskammer.

Hilfreich können auch die verschiedenen Wirtschaftsmagazine und -informationsdienste sein, ganz abgesehen von dem täglichen Studium des Wirtschaftsteils einer überregionalen Tageszeitung.

Waren Sie bisher noch nicht selbständig tätig und spielen nun mit dem Gedanken eines Firmenkaufs, werden Sie höchstwahrscheinlich nicht in einer Ihnen völlig unbekannten Branche starten wollen. Ihnen kommt es in erster Linie darauf an, Ihre erworbenen beruflichen Kenntnisse nunmehr im eigenen Unternehmen anwenden zu können. Sie bevorzugen daher ein Objekt aus einer Branche, die Sie aus Ihrer eigenen Erfahrung heraus beurteilen können. Hierbei ist das Risiko, daß Sie einen Fehlkauf tätigen, zumindest hinsichtlich der für die unternehmerische Tätigkeit notwendigen fachlichen Befähigung minimiert.

III. Wo finden Sie
die passenden Angebote?

Wenn Sie sich über Ihre Motive für einen Kauf oder eine Beteiligung an einem Unternehmen wirklich im klaren sind, beginnt für Sie die Suche nach einem geeigneten Objekt. Es bedarf sehr vieler Zeit, Energie und auch ein wenig Glücks, in einem akzeptablen Zeitraum eine geeignete Firma zu finden. Wir selbst hatten schon Kunden, die drei oder vier Jahre suchen mußten, um ein passendes Objekt zu finden. Generell kann man sagen, daß Sie etwa ein bis zwei Jahre als realistischen Zeitraum für Ihre Suche einplanen sollten.

Wie erfahren Sie nun von einer beabsichtigten Betriebsaufgabe oder dem Angebot einer Beteiligung? Zunächst einmal haben Sie natürlich die Möglichkeit, in geeigneten Zeitungen und Zeitschriften selbst zu inserieren und zu suchen. Je nach Objekt kann hierbei für Sie die regionale oder auch die überregionale Presse das richtige Medium sein. Sehr gut eignen sich in manchen Branchen auch die Publikationen der Verbände. Wenn Sie beispielsweise eine Druckerei suchen, wird es sinnvoll sein, im „Deutschen Drucker" zu inserieren.

Die Anschriften fast aller Branchenverbände können Sie bei der für Sie örtlich zuständigen Industrie- und Handelskammer (IHK) erfragen.

Darüber hinaus können Sie beispielsweise die Existenzgründungsbörse der einzelnen Industrie- und Handelskammern (IHK) bzw. überregional des Deutschen Industrie- und Handelstages (DIHT) nutzen. Lassen Sie sich einfach zur Information die IHK-Nachrichten Ihrer ortsansässigen Handelskammer sowie weiterhin die gesammelten überregionalen Angebote des DIHT zuschicken.

Eine gute Fundstelle stellt auch die Hauszeitschrift des Rationalisierungskuratoriums der Deutschen Wirtschaft e. V. (RKW e. V.) mit dem Titel „Wirtschaft und Produktivität" dar. In dieser Zeitschrift, die monatlich erscheint, gibt es eine Kooperationsbörse, die ebenfalls entsprechende Angebote enthält. Kleinanzeigen werden für 35 DM abgedruckt. Sie finden darüber hinaus auch Angebote in der Zeitschrift „Die Geschäftsidee", die alle zwei Monate im Verlag Norman Rentrop, Bonn-Bad Godesberg, erscheint.

Tätig werden in dem Bereich neuerdings auch verschiedene Banken und Kreditinstitute. So haben die Sparkassen und Landesbanken jetzt eine überregionale Datenbank geschaffen, in der Sie auch interessante Angebote finden oder selbst gegen eine geringe Gebühr inserieren können. Wenden Sie sich diesbezüglich an Ihre örtliche Sparkasse oder fordern Sie Informationen vom Deutschen Sparkassenverlag GmbH, Am Wallgraben 115, 7000 Stuttgart 80, an.

Unternehmer, die ihre Firma oder eine Beteiligung verkaufen möchten, wählen naturgemäß oft den gleichen Weg wie den eben beschriebenen. Allerdings haben wir die Erfahrung gemacht, daß ein Großteil der auf diese Weise angebotenen Firmen nicht kaufenswert ist. Es empfiehlt sich daher, solche Angebote gründlich zu prüfen.

Ein sehr großer Teil gerade der mittelständischen Unternehmen wird über persönliche Kontakte verkauft, sei es über die Hausbank, über den Unternehmens- oder Steuerberater oder zum Beispiel den Wirtschaftsprüfer. Der letztgenannte Personenkreis wird zumindest sehr früh ins Vertrauen gezogen und erfährt von der beabsichtigten Betriebsübergabe. Schon allein aus eigenem Interesse wird dann hier bei der eigenen Kundschaft nach Nachfolgern gesucht.

Wenn Sie also alle Möglichkeiten ausschöpfen wollen, so gehen Sie doch einfach die genannten Zielgruppen ebenfalls an. Diesen Weg halten wir zumindest für aussichtsreicher als den Weg über Anzeigen, wo vielleicht von zehn Angeboten eines oder zwei überhaupt näher prüfenswert sind.

Ganz auf den Verkauf und die Vermittlung von Unternehmen spezialisiert sind die Unternehmensmakler. Je nach Arbeitsweise gelangen sie durch Annoncen oder persönliche Kontakte an geeignete Objekte und versuchen, diese dann über Anzeigen oder direkte Werbeaktionen zu verkaufen. Ihre Vergütung besteht aus einer Provision am Verkaufspreis, so daß ihnen natürlich größere bzw. teurere Objekte lieber sind, als kleinere oder preiswertere. Über Unternehmensmakler oder Unternehmensberater sowie auch Steuerberater und Wirtschaftsprüfer zu gehen hat den Vorteil, daß man zunächst anonym bleiben kann. Besonders die Verkäufer sind naturgemäß daran interessiert, daß der geplante Verkauf möglichst lange geheim bleibt. Ein zu frühes Bekanntwerden der Absichten würde Unruhe in das Unternehmen selbst bringen und könnte letztlich unter Umständen auch den Verkaufspreis schmälern.

Mit zu bedenken sind hierbei andererseits die auftretenden Maklergebühren, die je nach vertraglicher Vereinbarung im Falle eines Kaufes auch zu Ihren Lasten gehen können.

Wollen Sie Ihre Produktpalette durch den Kauf eines Wettbewerbers erweitern (s. hierzu auch Kapitel 2), können Sie sich beispielsweise die häufig effiziente Vorgehensweise der „Großen" im Medienbereich zum Vorbild machen: die lassen ganz einfach durch eine Mittelsperson – meist durch einen Makler oder den Rechtsanwalt – das betreffende Unternehmen anschreiben, ob dieses an einem Verkauf oder an einer Beteiligung interessiert ist.

Wenn Sie die beschriebenen Möglichkeiten Kaufobjekte zu finden, genutzt haben, wird es ernst. Denn jetzt heißt es, die Spreu vom Weizen zu trennen und unter den Angeboten das Unternehmen zu entdecken, das Ihren persönlichen Zielvorstellungen entspricht. Wie Sie zunächst vorgehen sollten, erfahren Sie im nächsten Kapitel.

IV. So prüfen Sie die Angebote

Oft sind die Angebote, die man auf den gerade beschriebenen Wegen erhält, nicht gerade ausführlich und präzise. Manchmal kann man jedoch auch weiter „nachhaken" und bekommt weitere Informationen. So sicherlich, wenn der Kontakt zum Beispiel über eine Bank oder einen Berater oder Makler zustande kam.

In anderen Fällen kann eine kurze, erste eigene Analyse sehr sinnvoll sein. Dazu muß natürlich bereits der Name der zum Verkauf stehenden Firma und deren Adresse bekannt sein.

Die Checkliste auf der nächsten Seite kann Ihnen hier für den Anfang weiterhelfen.

Wenn Sie jemanden mitnehmen, der Ihnen Auskunft über die Bausubstanz der Gebäude gibt, so könnte auch das nützlich sein.

So viel zu einer ersten „Kurzanalyse", die meist ohne großen Aufwand zu erstellen ist und Ihnen einen ersten Eindruck vom Objekt verschafft. Vielleicht sagen Sie sich nun, daß es interessant ist, am Objekt dranzubleiben, oder aber Sie haben ein sogenanntes „k.o.-Kriterium" gefunden, das Sie veranlaßt, vom Objekt Abstand zu nehmen.

Wollen Sie dranbleiben, so können Sie das mit den im übernächsten Kapitel beschriebenen Checklisten tun, die Ihnen einen tieferen Einblick in das anvisierte Objekt ermöglichen sollen.

Zunächst sollten Sie sich jedoch einmal grundsätzlich darüber Gedanken machen, aus welchem Grunde Unternehmer ihre Betriebe veräußern. Wissen über diesen Punkt kann bei der konkreten Verhandlungsführung von entscheidender Bedeutung sein.

Checkliste – Annäherung an ein Objekt

1. Auskünfte von Dritten (Auskunfteien, evtl. Bank) einholen. Auf diese Weise bekommen Sie, je nach Qualität und Aussagekraft der Auskunft, Informationen über die Größe der Firma, Umsätze, Geschäftsführer, Gesellschafter. Informationen über mittelständische und große Firmen sind beispielsweise auch entsprechenden Handbüchern des Verlages Hoppenstedt, Darmstadt, zu entnehmen.

2. Informationen, die Sie sich selbst besorgen können:

● Welchen Eindruck macht das Objekt von außen?

● Wie ist der Standort/sind die Transportwege?

● Welche Wettbewerber gibt es im Umfeld (Informationen dazu etwa aus dem Branchenverzeichnis)?

● Welche Prospekte, Preislisten etc. gibt es (Die Auswertung gibt Ihnen Informationen über Produktpalette und Preise im Vergleich)?

● Was steht im Handelsregister? (Hier sieht man z. B. gegebenenfalls eine häufige Fluktuation in der Geschäftsführung; einzusehen, beim Amtsgericht am Sitz des zum Verkauf anstehenden Unternehmens)

3. Haben Sie auch die Möglichkeit zu einer Betriebsbesichtigung, so bekommen Sie meist recht schnell durch das, was Sie sehen und beobachten können, folgende Fragen beantwortet:

● Wie ist die Altersstruktur der Mitarbeiter?

● Wie motiviert sind die Mitarbeiter?

● In welchem Zustand sind die Produktionsanlagen?

● Wieviele Maschinen laufen, wieviele nicht (Kapazitätsauslastung)?

● Wie gut ist die Organisation?

V. Warum werden Firmen zum Kauf angeboten?

Die Situation der Verkäufer mußte bis vor nicht allzu langer Zeit vor dem Hintergrund gesehen werden, daß der Unternehmens- und Beteiligungskaufmarkt ein „Verkäufermarkt" war. Das heißt, daß es einerseits viele Kaufsuchende, aber wenig zu kaufende Unternehmen oder Beteiligungen am Markt gab. Das führte immer wieder dazu, daß selbst schwache Unternehmen zu hohen Preisen verkauft wurden. Das scheint sich geändert zu haben, denn am Markt werden immer mehr wirklich interessante Objekte zum Kauf angeboten.

Zudem werden viele Betriebe derzeit von Unternehmern geführt, die zwischen Ende 50 und Anfang 70 sind und in den Ruhestand treten wollen.

Wer als Verkaufsinteressent derzeit ein gewinnstarkes Unternehmen hat, wird nicht lange nach Käufern suchen müssen. Wer ein gewinnschwaches Unternehmen verkaufen möchte, versucht entsprechende Käuferschichten zu finden, die weniger auf die gute Gewinnsituation, sondern beispielsweise eher auf den vorhandenen Kundenstamm Wert legen.

So haben wir es in der täglichen Praxis erlebt, daß finanzschwache Unternehmen, die selbst kaum mehr lebensfähig waren, zu sehr hohen Preisen gekauft wurden – oft auch von ausländischen Konzernen, die über die bestehenden Vertriebswege den Zugang zum deutschen Markt gesucht haben.

Für den Kaufinteressierten ist es wichtig zu ermitteln, warum eine Firma oder eine Beteiligung überhaupt zum Kauf angeboten wird. Diese Frage ist besonders dann für Sie ausschlaggebend, wenn Sie mit dem Kauf eine eigene Existenz gründen wollen, Sie also gleichzeitig den Sprung in die Selbständigkeit wagen. In diesem Fall müssen Sie ja nach einer angemessenen Anlaufzeit vom gekauften Unternehmen leben können und Ihr eingesetztes Kapital muß sich angemessen verzinsen. Unternehmen, die weitere Unternehmen dazukaufen, verkraften naturgemäß von der Kapitalkraft her eher einen Flop oder eine längere Anlauf- bzw. Konsolidierungszeit.

Lohnenswert ist es auf jeden Fall, sich über die Motive eines Verkäufers Gedanken zu machen; in dem einen oder anderen Fall kann man sich so manchen Aufwand für eine teure Analyse sparen. Ein Beispiel: Es macht einen großen Unterschied, ob ein Unternehmer seine Firma im Alter von 45 oder 65 Jahren zum Kauf anbietet. Im letzteren Fall möchte oder muß er vielleicht alters- oder krankheitshalber ausscheiden und hat keine geeigneten Angehörigen oder Nachfolger für eine Weiterführung. Im ersten Falle möchte der Unternehmer vielleicht „aussteigen", weil er der Meinung ist, er habe nun lange genug gearbeitet. Vorsicht! Manchmal ist das wirkliche Ausstiegsmotiv jedoch nur das Wissen um die schwierige Situation des Unternehmens oder des Marktes, auf dem es arbeitet.

Vielleicht kommen auf den Betrieb auch hohe steuerliche oder andere Belastungen zu, die der Verkaufsinteressent nicht mehr tragen möchte (Steuernachzahlungen, hohe Altersversorgung der Mitarbeiter etc.). Vor solchen Gefahren muß man sich als Käufer durch die richtigen Verträge schützen.

Am Beteiligungsmarkt treten oft Unternehmen auf, die sehr schnell gewachsen sind und finanzielle Probleme, insbesondere Liquiditätsmängel, aufweisen. Ihre Finanzkraft und die Möglichkeiten der Sicherheitenstellung konnten in diesem Fall mit dem stürmischen Wachstum nicht mehr Schritt halten, so daß Sie keinen anderen Ausweg mehr sehen, als über Beteiligungen Fremdkapital zu binden.

Vielleicht arbeiten Teile eines Betriebes unwirtschaftlich oder Abteilungen passen nicht mehr so recht in die Unternehmensstrategie bzw. zum Konzept. Mittelständler und besonders große Firmen bieten dann den entsprechenden Teil dem bisherigen Management an oder gehen an den Unternehmens- und Beteiligungsmarkt. Bei manchen Angeboten erkennen insbesondere Branchenkenner und natürlich „Menschenkenner" die Furcht des Unternehmers vor der zukünftigen Entwicklung des Betriebs oder

der ganzen Branche. So gibt es Branchen, deren Markt beständig schrumpft und mit ihm in gleichem oder noch stärkerem Maße die Umsätze des angebotenen Unternehmens. Vielleicht wird aber auch die bisher verwendete oder angebotene Technologie in einigen Jahren komplett durch eine andere ersetzt sein und der bisherige Unternehmer möchte selbst nicht noch einmal von vorne anfangen und einen neuen Bereich aufbauen. Bei einem Handelsbetrieb ist vielleicht durch die Änderung der Verkehrsführung zu erwarten, daß in nächster Zeit ein schwerwiegender Umsatzeinbruch kommt. Für den Käufer ist es wichtig, die wahren Motive für den Verkauf möglichst frühzeitig zu ermitteln, sei es durch Gespräche mit dem Verkäufer oder durch eigene Recherchen.

Die vorstehenden, beispielhaft genannten Verkaufsmotive stehen für viele, die in der täglichen Praxis vorkommen. Auf jeden Fall sollten Sie nicht nachlassen, diese Motive zu ergründen, denn manchmal stellt sich ein Angebot dann in einem ganz anderen Licht dar. Oft werden die echten Motive erst nach zwei, drei, fünf und noch viel mehr Gesprächen und Verhandlungen ersichtlich und das Angebot ist dann möglicherweise grundlegend anders zu beurteilen.

VI. Worauf Sie bei der Prüfung von Objekten achten sollten

Anhand der Darstellung in den vorhergehenden Kapiteln haben Sie erfahren, worauf es bei einer ersten Sichtung der Ihnen vorliegenden Angebote ankommt. Wenn Sie unter den Ihnen angebotenen Objekten ein für Sie interessantes gefunden und beschlossen haben, am Ball zu bleiben, müssen Sie jetzt tiefer einsteigen. Hierbei empfiehlt sich ein möglichst systematisches Vorgehen. Von uns entwickelte Checklisten sollen dabei für Sie eine hilfreiche Unterstützung sein. Mit Hilfe dieser Unterlagen können Sie das Sie interessierende Unternehmen systematisch überprüfen und sich gleichzeitig Punkt für Punkt über eigene Problemlösungen zur Verbesserung der dort vorgefundenen betrieblichen Situation klar werden.

Wenn Sie bei der Angebotsprüfung mit Checklisten arbeiten, hat das auch noch einen weiteren Vorteil für Sie. Die Daten zweier oder mehrerer überprüfter Objekte werden für Sie, was die Vergleichsarbeit angeht, transparenter. Ihre Entscheidung für und wider den Kauf des einen oder anderen Unternehmens wird letztlich differenzierter vorbereitet.

Sie werden gleich feststellen, daß die Aufzählung der Analysepunkte sehr umfangreich ist; trotzdem kann es im einen oder anderen Fall notwendig sein, weitere Punkte zu prüfen.

Einige Punkte, die Sie anhand der Checkliste überprüfen sollten, werden Sie mit Hilfe von Buchhaltungs- und anderen Geschäftsunterlagen des Verkäufers klären. Es empfiehlt sich hier immer, alle Unterlagen vom Verkäufer unterschreiben oder sich wenigstens von diesem versichern zu lassen, daß diese richtig und vollständig sind (genau aufzählen!). Dies ist deshalb wichtig, weil Sie dann, wenn Sie das Unternehmen gekauft haben und sich im

Nachhinein herausstellt, daß Angaben nicht stimmen, gegen den Verkäufer Gewährleistungsansprüche geltend machen können. Dem ernsthaften Kaufinteressenten wird der Verkäufer Unterlagen und Informationen zur Verfügung stellen.

Andere Punkte müssen Sie durch Beobachtung, Gespräche mit dem Verkäufer, dessen Mitarbeitern, Angestellten und Auskünfte von Dritten in Erfahrung bringen.

Nehmen Sie die nachfolgenden Checklisten am besten als Arbeitsunterlagen so zur Hilfe, daß Sie sich zunächst die einzelnen Punkte, die Ihnen bei einem Objekt Ihrer Branche wichtig erscheinen, anstreichen und versuchen, diese nach und nach abzuklären. Die relevanten Punkte sind z. T. branchenunabhängig (z. B. Umsatz/Absatz), zum Teil branchenspezifisch (z. B. maschinenintensive Betriebe u. ä.). Dies wird in aller Regel im Laufe von Verhandlungen und der Zurverfügungstellung von immer weiteren Unterlagen möglich sein. Machen Sie sich am besten Notizen zu den einzelnen Punkten.

Wenn Sie dann womöglich kurz vor der Einigung mit dem Verkäufer stehen, sollten Sie sich auf jeden Fall die Checklisten nochmals von vorne durchlesen und nun auch die anderen Punkte, denen Sie vorher noch keine Beachtung geschenkt hatten, bedenken und sich überlegen, ob diese auch für Sie wichtig sind. Und dann: Haken Sie gegebenenfalls weiter nach! Sie werden nicht *alle* wichtigen Informationen sofort bekommen. Bei der Prüfung des für Sie interessanten Objektes werden Sie im Laufe der Prüfung Schritt für Schritt die Checklisten vervollständigen können. Die Checklisten sollen Anhaltspunkte dafür sein, was Sie im Auge behalten sollten.

Checkliste – Marketing

Marketing allgemein

- Wie ist der Vertrieb organisiert? Wie wäre er zu verbessern?
- Wie sind die Produkte/Dienstleistungen hinsichtlich Verpackung, Design etc. zu beurteilen? Was wäre zu optimieren?
- Wie ist der Kundendienst organisiert? Wie sollte er organisiert sein?
- Was wird im Bereich Werbung getan? Was sollte getan werden (Quelle: Firmenunterlagen, Gespräch)?
- Was wird im Bereich Öffentlichkeitsarbeit getan? Was sollte getan werden?
- Was wird im Bereich Verkaufsförderung getan? Was sollte getan werden?
- Gibt es eine Corporate Identity (einheitliches Erscheinungsbild)? Paßt sie zum Unternehmen?

Märkte

- Auf welchen Märkten ist das Unternehmen aktiv? Wo sollte es noch aktiv sein? Hier spielen auch Ihre unternehmerischen Pläne eine Rolle.
- Wie haben sich die Märkte in den letzten Jahren entwickelt? (Quelle: Branchenberichte, Zeitungen)
- Wie werden sich diese Märkte in der Zukunft entwickeln (Branchenfachleute befragen, Zukunftsstudien beschaffen)?

Lieferungen

- Welche Lieferanten gibt es?
- Bestehen Abhängigkeiten von einem oder mehreren Lieferanten?
- Lassen sich die Kontakte zu den Lieferanten nach der Transaktion aufrecht erhalten? Wie wäre gegebenenfalls Abhilfe zu schaffen?

Kunden

- Welche Kunden gibt es?
- Bestehen Abhängigkeiten von einem oder mehreren Kunden (werden zum Beispiel mehr als 15% vom Umsatz mit einem Kunden gemacht)?
- Wie wird sich die Kundenstruktur nach der Transaktion darstellen?
- Welche Kunden sind vielleicht hinzuzugewinnen?
- Welche Kunden werden wahrscheinlich wegfallen (Wie „personenzentriert" ist das Unternehmen)?
- Sind Kunden mit dem Unternehmen „alt geworden"?

Wettbewerber

- Welche Konkurrenten gibt es?
- Wie groß sind sie (Anzahl der Mitarbeiter, Umsatz, ...)?
- Wo sind sie stärker/schwächer?
- Welche Entwicklung haben sie in den letzten Jahren durchgemacht (z. B. Wachstum, Schrumpfen, Fusion)
- Was tun die Wettbewerber im Bereich Marketing und welchen Aufwand haben sie (z. B. Werbekosten in % vom Umsatz)?

Produktions-/Dienstleistungsprogramm

- Welches Produktions-/Dienstleistungsprogramm hat das Unternehmen?
- Welchen Anteil haben die einzelnen Produkte am Umsatz (Statistiken!)?
- Ist das Produktions-/Dienstleistungsprogramm wettbewerbsfähig (oder z. B. überaltert)?
- Wie ändert sich die Wettbewerbssituation, wenn das Produkt-/Dienstleistungsprogramm geändert wird?
- Welchen Eindruck hinterläßt es auf die Öffentlichkeit/die Käufer? (Wie kommen die Produkte an?)

Checkliste – Marketing

- Welche Änderungen wurden in den letzten Jahren vorgenommen?
- Welche Änderungen (Neuentwicklungen) sollten in der Zukunft durchgeführt werden?

Preise

- Welche Preispolitik wird betrieben?
- Läßt sich diese, wenn nötig, umstellen?

Checkliste – Produktion

- Läuft der Produktionsprozeß und Fertigungsablauf rationell ab (Gibt es unnötige Zwischenlager, zu lange und umständliche Transportwege etc.)?
- Was sollte hier geändert werden?
- Mit welchen Investitionen wäre dies verbunden? Wie hoch wären die Kosten?
- Gibt es ungenutzte Kapazitäten, wenn ja, warum?
- Wie ist der Beschäftigungsgrad der letzten Jahre zu beurteilen?
- Wie lange ist der Auftragsvorlauf?
- Wie hat er sich in den letzten fünf Jahren entwickelt (Auftragsbestand, Auftragseingang)

Checkliste – Forschung und Entwicklung

Forschung und Entwicklung sind stark branchenabhängig. Wenn dies in Ihrer Branche ein wichtiger Aspekt ist:
- Welche Aufwendungen fallen für Forschung und Entwicklung an?
- ... im Vergleich zur Konkurrenz?
- Welche laufenden Forschungsprojekte gibt es?
- Welchen Entwicklungsstand haben sie?
- Werden die Entwicklungen marktfähig sein?
- Wurden staatliche Subventionen genutzt?
- Wird dies in der Zukunft möglich sein?
- Gibt es Patente/Gebrauchsmuster, die im Unternehmen entstanden/genutzt werden?
- Werden Lizenzen vergeben?

Checkliste – Gesellschafter

Diese Checkliste ist insbesondere dann wichtig, wenn Sie nicht ein ganzes Unternehmen, sondern eine Beteiligung kaufen. Einen Teil der nachstehenden Fragen können Sie beantworten, wenn Sie sich den Gesellschaftsvertrag sowie die gegebenenfalls zugehörigen Geschäftsführerverträge geben lassen.
- Wer ist an der Firma beteiligt?
- In welcher Höhe?
- Welche Gesellschafter arbeiten im Unternehmen mit?
- Welche Rechte haben die Gesellschafter? Welche Rechte würden Sie haben bzw. „heraushandeln" können?
- Welche Regelungen gibt es hinsichtlich Kündigung, Todesfall, Kompetenzen und Entscheidungsbefugnis, Gewinnverteilung, Nachschußpflicht etc.? (Gesellschaftsvertrag einsehen!)
- Gab es eine große Fluktuation von Gesellschaftern? (Hier hilft ein Blick in das Handelsregister)
- Wird eine gute Zusammenarbeit mit den bisherigen Gesellschaftern möglich sein?

Checkliste – Personal und Aufbauorganisation

- Welche Mitarbeiter haben welche Position im Unternehmen (Organigramm)?
- Entspricht die Aufbauorganisation der Größe des Unternehmens („Wasserkopf")?
- Wie viele Arbeitnehmer arbeiten in der Verwaltung, wie viele produktiv? Ist dieses Verhältnis gesund?
- Wie ist der Altersaufbau der Belegschaft?
- Wie hoch sind die Personalkosten in Prozent vom Umsatz im Branchenvergleich?
- Wie hoch sind Fluktuation und Krankheitsstand und wie haben sich die diesbezüglichen Zahlen in den letzten 5 Jahren entwickelt?
- Sind nach der Transaktion Kündigungen, Umbesetzungen, Neueinstellungen etc. notwendig?
- Was würden diese gegebenenfalls kosten (evtl. Sozialplan?)?
- Kann noch benötigtes Personal am Markt beschafft werden? (Anfrage beim örtlichen Arbeitsamt; Beobachtung des örtlichen Stellenmarktes)
- Wie motiviert und qualifiziert sind Führungskräfte und Mitarbeiter?
- Welcher Führungsstil wurde bisher im Unternehmen praktiziert? (z. B. autoritär, kooperativ)
- Wird von daher das neue Management angenommen oder sind Schwierigkeiten zu erwarten?
- Gibt es Schichtarbeit/Überstunden? Sind letztere überhaupt notwendig?

Die nachstehenden Fragen müssen anhand der letzten fünf Gewinn- und Verlustrechnungen geklärt werden. Sie sollten immer darauf bestehen, die letzten fünf Jahresabschlüsse einzusehen. Möchte ein Verkäufer Ihnen diese nicht aushändigen oder zumindest nicht zu einem den Verhandlungen angemessenen Zeitpunkt, so hat er irgendetwas zu verbergen und Vorsicht ist angebracht.

Umsätze

● Welche Umsätze wurden in den letzten fünf Jahren erzielt?
● Wie groß sind die Schwankungen?
● Welche Trends sind zu erkennen?
● Welcher Art sind die Umsätze (Geschäftszweck: Herstellung von Werkzeugen, aus Liquiditätsnot werden Maschinen aus dem Anlagevermögen verkauft)?

Prüfen Sie weiterhin:

● Welche Faktoren sind für die Trends/Schwankungen verantwortlich?
● Welche Produkte haben mit welchem Anteil zum Umsatz in welcher Region beigetragen?

Kosten

● Wie hat sich die Kostenstruktur der letzten fünf Jahre verändert (in Prozent vom Jahresumsatz, absolut und in Bezug zum Beispiel auf ein Basisjahr)?
● Wie haben sich Lagerumschlag, Wareneinsatz etc. verändert?
● Welche kalkulatorische Kosten sind anzusetzen (kalkulatorischer Unternehmerlohn, gegebenenfalls Mieten etc.)?
● Wie kann sich die Kostenstruktur nach der Übernahme verändern?
● Wie wurde abgeschrieben und was ist daraus ersichtlich (Neuinvestitionsbedarf)?

Checkliste – Wirtschaftliche Situation / Umsätze und Kosten

Gewinne

● Wie verlief die Gewinnentwicklung und welche Gewinne sind in Zukunft zu erwarten?
● Wurden außerordentliche Erträge vereinnahmt? Welche davon werden Sie nach dem Kauf ebenfalls realisieren können?

Checkliste – Wirtschaftliche Situation / Vermögen

Die folgenden Fragen müssen mit Hilfe der letzten fünf Bilanzen und einem aktuellen Inventarverzeichnis sowie weiteren Geschäftsunterlagen geklärt werden.

Aktiva (Vermögen)

● Welche Vermögensgegenstände gibt es?
● Wie stehen sie zu Buche und wie sind sie aktuell zu bewerten?
● Welche Vermögenswerte sind nicht betriebsnotwendig?
● Gibt es Verfügungsbeschränkungen an Vermögensgegenständen (Eigentumsvorbehalte, Sicherungsübereignungen)?
● In welchem Zustand und auf welchem technischen Niveau befindet sich der Maschinenpark?
● Welche Neuinvestitionen werden nach einer Übernahme erforderlich?
● Welche Vorräte sollen übernommen werden?
● Gibt es diese tatsächlich und ist der für sie geforderte Preis realistisch?
● Sind sie noch verkäuflich?
● Ist das Lager ausreichend oder muß es nach der Übernahme erweitert werden?
● Welche Forderungen gibt es?
● Werden diese mitverkauft?
● Sind diese einbringlich?

Checkliste – Wirtschaftliche Situation / Vermögen

Passiva (Kapital)

● Wie ist das Unternehmen finanziert?
● Wie muß es gegebenenfalls umfinanziert werden?
● Wurden die Bilanzen geschminkt: keine Pauschalwert-
   berichtigungen genutzt? Keine möglichen Rückstellun-
   gen gebildet?
● Gibt es Liquiditätsprobleme?

Checkliste – Spezielle Fragen

Verkaufsmotive

- Warum soll das Unternehmen/die Beteiligung veräußert werden?
- Sind die Verkaufsmotive nachvollziehbar und realistisch?

Behörden, Genehmigungen

- Sind spezielle Genehmigungen nach der Transaktion notwendig?
- Besteht die Gefahr, für Altlasten zur Verantwortung gezogen zu werden (Umweltschutz)?

Pensionszusagen

- Sind Pensionszusagen gemacht worden? Wenn ja, an wen und in welcher Höhe?
- Sind die Pensionen durch entsprechende Rückversicherungen bzw. Rückstellungen abgedeckt? Ist die Abdeckung 100%?

Verträge allgemein

- Welche Verträge bestehen und welche sollen weitergeführt werden (mit Vermieter, Lieferanten, Kunden, Gläubigern etc.)?

Zeitlicher Ablauf

- Welcher zeitliche Ablauf ist für die Transaktion vorgesehen und ist er realisierbar?

Berater

- Wie war die bisherige Betreuung im Bereich Unternehmens- und Steuerberatung? Sollte sie weitergeführt werden?
- Sind hier noch „Altlasten" zu erwarten (zum Beispiel Beziehung Unternehmen – Steuerberater – Finanzamt)?

VII. Was ist das Kaufobjekt wirklich wert? Bewertungsfragen und -verfahren

Sie möchten nun, nachdem Sie das eine oder andere Objekt in die engere Wahl genommen haben, wissen, was ein fairer und realistischer Preis dafür ist.

Die Bewertung eines Unternehmens oder einer Beteiligung ist leider alles andere als einfach.

Dies wird verständlich, wenn Sie sich überlegen, daß beispielsweise sämtliche Kriterien, die Sie mit Hilfe der Checklisten ermitteln konnten, berücksichtigt werden müssen und für einen realistischen Wertansatz mitverantwortlich sind. Die Ergebnisse Ihrer Ermittlungen über das Objekt sowie vorliegende schriftliche Unterlagen der Firma sollten hier zugezogen werden.

Wenn Sie kaufmännisch umfangreich vorgebildet sind, so wird Ihnen das Einlesen in dieses Thema wahrscheinlich nicht allzu schwer fallen. Für den kaufmännischen Laien dürfte es auch nach der Lektüre dieses Buches oder ergänzender Literatur ohne fachlichen Rat sehr schwierig sein, selbst die Bewertung eines Unternehmens oder einer Beteiligung vorzunehmen.

Wir stellen zum Beispiel manchmal fest, daß Unternehmenskaufpreise im Ansatz richtig ermittelt werden, jedoch kalkulatorische Kosten, deren Berücksichtigung notwendig ist, einfach nicht zum Ansatz gebracht werden (häufig der Unternehmerlohn beim Einzelunternehmen und bei Personengesellschaften). Dadurch kann sich ein viel zu hoher Unternehmenskaufpreis ergeben, der sich nie wird amortisieren können. Also: Sich gut beraten lassen ist hier empfehlenswert und kann sehr viel Geld sparen.

Im folgenden sollen nun die in der Praxis gängigen Verfahren der Bewertung aufgezeigt werden.

Dazu muß bemerkt werden, daß die ersten vier Verfahren (Ertrags-, Substanz-, Mittelwertverfahren sowie die Umsatzmethode) die meistverwendeten sind. Die anderen sind deshalb dargestellt, weil sie einerseits in Spezialfällen eingesetzt werden, andererseits wird man oft mit Bewertungen der „anderen Seite" konfrontiert, und hier ist es gut, diese auch interpretieren zu können.

Ertragswertverfahren

Das Ertragswertverfahren ist eine der wichtigsten Methoden zur Kaufpreisermittlung.

Grundsätzlich bauen die verschiedenen Formen des Ertragswertverfahrens bei der Bewertung von Unternehmen auf der Theorie der Investitionsrechnung auf. Bei jeglicher Investition leisten Sie ja eine Zahlung für Gewinne in der Zukunft und erwarten, daß sich Ihr Investment lohnt. Oder einfacher ausgedrückt: Anstatt ein Unternehmen zu kaufen (und „Zinsen" in Form von Gewinnen zu bekommen) könnten Sie ja auch beispielsweise Bundesschatzbriefe erwerben und hier einfach und sicher Zinsen kassieren. Wenn Sie Ihr Geld in einem Unternehmen und damit sicherlich risikoreicher anlegen, erwarten Sie bestimmt auch eine höhere Verzinsung. Genau diese Überlegung steckt gedanklich im Ertragswertverfahren.

Man unterscheidet zwischen zwei Formen dieses Verfahrens:

● Das traditionelle Ertragswertverfahren ist vergangenheitsbezogen. Hier wird der durchschnittlich erzielte und um verschiedene Posten berichtigte Gewinn der letzten drei oder fünf Jahre errechnet. Man nimmt an, daß dieser Gewinn auch in der Zukunft und langfristig „auf immer und ewig" zu erzielen sein wird. Er wird nun abgezinst und so der Barwert, hier einfach Ertragswert genannt, ermittelt.

   Dies geschieht mit der kaufmännischen Kapitalisierungsformel (= Formel der „ewigen Rente"):

$$\text{Ertragswert} = \frac{\text{Gewinn x 100}}{\text{Kapitalisierungszinsfuß}}$$

Beispiel:

Der Kapitalisierungszinsfuß beträgt 10 Prozent. Der in den letzten
fünf Jahren durchschnittlich erzielte und berichtigte Gewinn beträgt 70.000 DM. Wie hoch ist der Ertragswert?

$$\frac{70.000 \text{ DM} \times 100}{10 \text{ Prozent}} = 700.000 \text{ DM}$$

● Bei der Methode der abgezinsten zukünftigen Erträge wird der
Gewinn nicht aus der Vergangenheit ermittelt. Die Vergangen-
heitswerte dienen nur dazu, den in Zukunft zu erwartenden Gewinn realistischer einzuschätzen. Der zukünftige Gewinn wird
dadurch errechnet, daß man eine Kostenstruktur erstellt, die
nach dem Prinzip der kaufmännischen Vorsicht wahrscheinlich
der Kostenstruktur der nächsten Jahre entsprechen wird. Der
auf diese Weise ermittelte Gewinn dient dann als anzusetzen-
der Gewinn zur Berechnung des Ertragswertes.
● Gerade dies ist in der Praxis häufig sehr schwierig. Denn wer
kann schon genau abschätzen, wie sich Umsätze und Kosten,
damit also die Gewinne, darstellen werden, dazu auch noch
langfristig?

Um zu einem realistischen Ertragswert zu kommen, sollten Sie
systematisch gemäß dem folgenden Schema vorgehen:

Phasenschema zur Ermittlung des Zukunftsertragswertes

Analyse der Gewinn- und Verlustrechnungen der letzten fünf Jahre

Aufbau einer Umsatz- und Kostenstruktur für die Zukunft

Ermittlung des zu erwartenden Gewinns

Ermittlung des Kapitalisierungszinsfußes (s. auch S. 47)

Errechnung des Zukunftsertragswertes

Ermittlung des zu erwartenden Gewinns

Zunächst ist es wichtig, sich einen Überblick über die Entwicklung der Umsatz-, Kosten- und Gewinnstruktur der letzten fünf Jahre zu verschaffen. Es müssen also die Gewinn- und Verlustrechnungen dieses Zeitraumes ausgewertet werden. Dies geschieht sinnvollerweise dadurch, daß das komplette Zahlenmaterial zunächst einmal in eine einheitliche, übersichtliche und vergleichbare Form zusammengefaßt wird. Anschließend ist es auch entsprechend leicht möglich, das Zahlenmaterial so aufzubereiten, daß Veränderungen und Trends sichtbar werden.

Wir haben gute Erfahrungen mit nachfolgender Form der Aufbereitung gemacht:

Tabelle 1: Übertragung der Zahlen aus den Gewinn- und Verlustrechnungen der letzten fünf Jahre in die vorliegende einheitliche Form.

Tabelle 2: Ermittlung der einzelnen Kosten in Prozent vom Umsatz eines Jahres. Hier werden bereits Veränderungen in der Kostenstruktur eines Jahres sichtbar.

Tabelle 3: Als Basisjahr wird das am weitesten zurückliegende Jahr genommen. Die Veränderungen und Trends über den gesamten Zeitraum für Umsatz und Kosten werden sichtbar.

Bei dem nachfolgend gezeigten Beispiel für diese Aufbereitung in Tabellen handelt es sich übrigens um einen Handelsbetrieb mit kleiner angehängter Produktion bzw. Endmontage in der Freizeitgerätebranche.

Tabelle 1 – Gewinn- und Verlustrechnung für folgende Geschäftsjahre ...

	1983	1984	1985	1986	1987
(1) Umsatzerlöse	23.145.010,61	21.254.279,63	18.704.293,89	15.800.385,54	13.713.602,49
(2) sonst. betr. Erträge	73.879,97	160.769,32	356.785,18	399.297,78	225.997,57
(3) Gesamtleist. einsatz	10.799.054,98	9.201.449,58	7.683.085,20	6.416.852,81	5.380.842,78
(4) Rohergebnis	12.419.835,60	12.213.599,37	11.377.993,87	9.782.830,51	8.558.757,28
(5) Personalaufwand	2.285.205,79	2.405.557,57	2.339.546,14	2.058.246,60	1.801.309,04
(6) Abschreibungen	558.638,45	577.187,25	446.063,22	314.369,51	222.860,79
(7) Abschr. a. Finanzanl.	159.800,00	424.200,00	314.786,76	1,00	490.397,81
(8) Zinsen u. ähnl. Aufw.	301.481,65	363.474,65	360.584,11	359.818,12	344.545,16
(9) sonst. betr. Aufwend.	8.136.766,64	7.995.677,92	7.184.854,65	7.388.930,38	6.846.889,32
(10) sonst. Zinsen u. Ertr.	35.830,64	76.126,12	70.068,57	183.303,80	11.446,40
(11) Betriebsergebnis	1.013.773,71	523.628,10	802.227,56	−155.231,30	−1.135.798,44
(12) außerordentl. Ertrag	9.151,14	3.148,08	14.717,14	59.790,05	194.131,21
(13) außerordentl. Aufwand	47.101,40	19.271,88	45.188,26	1,00	23.605,30
(14) Unternehmensergebnis	975.823,45	507.504,30	771.756,44	−95.442,25	−965.272,53

Tabelle 2: Vergleichbare Gewinn- und Verlustrechnungen (Basis: Umsatzerlöse) für folgende Geschäftsjahre ...

	1983 in %	1984 in %	1985 in %	1986 in %	1987 in %	Durchschnitt für 5 Jahre
(1) Umsatzerlöse	100,0	100,0	100,0	100,0	100,0	100,0
(2) sonst. betriebl. Erträge	0,3	0,8	1,9	2,5	1,6	1,4
– (3) Gesamtleist. einsatz	46,7	43,3	41,1	40,6	39,2	42,2
(4) Rohergebnis	53,7	57,5	60,8	61,9	62,4	59,3
– (5) Personalaufwand	9,9	11,3	12,5	13,0	13,1	12,0
(6) Abschreibungen	2,4	2,7	2,4	2,0	1,6	2,2
(7) Abschr. auf Finanzanl.	0,7	2,0	1,7	0,0	3,6	1,6
(8) Zinsen u. ähnl. Aufw.	1,3	1,7	1,9	2,3	2,5	1,9
(9) sonst. betr. Aufwend.	35,2	37,6	38,4	46,8	49,9	41,6
+ (10) sonst. Zinsen u. Erträge	0,2	0,4	0,4	1,2	0,1	0,4
(11) Betriebsergebnis	4,4	2,5	4,3	–1,0	–8,3	0,4
+ (12) außerordentl. Ertrag	0,0	0,0	0,1	0,4	1,4	0,4
– (13) außerordentl. Aufwand	0,2	0,1	0,2	0,0	0,2	0,1
(14) Unternehmensergebnis	4,2	2,4	4,1	–0,6	–7,0	0,6

Tabelle 3: Gewinn- und Verlustrechnung
(1983 als Basisjahr) für folgende Geschäftsjahre ...

	1983 in %	1984 in %	1985 in %	1986 in %	1987 in %
(1) Umsatzerlöse	100,0	91,8	80,8	68,3	59,3
(2) sonst. betr. Erträge	100,0	217,6	482,9	540,5	305,9
–					
(3) Gesamtleist.einsatz	100,0	85,2	71,1	59,4	49,8
(4) Rohergebnis	100,0	98,3	91,6	78,8	68,9
–					
(5) Personalaufwand	100,0	105,3	102,4	90,1	78,8
(6) Abschreibungen	100,0	103,3	79,8	56,3	39,9
(7) Abschr. a. Finanzanl.	100,0	265,5	197,0	0,0	306,9
(8) Zinsen u. ähnl. Aufw.	100,0	120,6	119,6	119,3	114,3
(9) sonst. betr. Aufwend.	100,0	98,3	88,3	90,8	84,1
+					
(10) sonst. Zinsen u. Ert.	100,0	212,5	195,6	511,6	31,9
(11) Betriebsergebnis	100,0	51,7	79,1	(15,3)	(112,0)
+					
(12) außerordentl. Ertrag	100,0	34,4	160,8	653,4	2.121,4
–					
(13) außerordentl. Aufwand	100,0	40,9	95,9	0,0	50,1
(14) Unternehmensergebnis	100,0	52,0	79,1	(9,8)	(98,9)

Die vorstehenden Auswertungen zeigen ein düsteres Bild. Die Umsatzerlöse sind permanent zurückgegangen und es wurde versucht, durch den Verkauf nicht unbedingt notwendigen Vermögens liquide zu bleiben.

Die Personalkostenstruktur konnte nicht dem stark rückläufigen Umsatz angepaßt werden. Dies sind nur einige der Faktoren, die aus dem Zahlenmaterial abzulesen sind.

Nach eingehender Analyse der Schwierigkeiten des Unternehmens und Aktionsplänen, wie diese mit welchen Wirkungen zu beseitigen sind, wird nun unter anderem unter Ansatz auch kalkulatorischer Kostenarten eine Zukunftserfolgsrechnung erstellt.

Oft wird aus Finanzierungsgründen ohne die zugehörige eigene Immobilie verkauft. Das Grundstück und Gebäude wird dann vom Verkäufer an den Käufer vermietet. Aus diesem Grunde sind zum Beispiel dann bei einer zu erstellenden Zukunftserfolgsrechnung entsprechende Mietaufwendungen zum Ansatz zu bringen.

Handelt es sich beim zu bewertenden Unternehmen um ein Einzelunternehmen oder eine Personengesellschaft (OHG, KG oder wie im vorliegenden Falle GmbH & Co. KG), so muß natürlich zu den Kosten ein kalkulatorischer Unternehmerlohn addiert werden, bevor der Gewinn ermittelt wird. Das ist verständlich, wenn man sich überlegt, daß man ja das Geld, das man in ein zu kaufendes Unternehmen oder eine Beteiligung investieren möchte, auch irgendwo anders anlegen könnte und hier Zinserträge hätte. Das wäre mit wenig Arbeitsaufwand verbunden und man könnte sich in irgendeiner Firma anstellen lassen und würde dort ebensogut sein Geld verdienen. Unter der Voraussetzung einer Umstrukturierung und Sanierung zu Lasten des Veräußeres und einiger weiterer Maßnahmen kam nachstehende Zukunftserfolgsrechnung zustande (siehe Tabelle 4).

Der für die Ertragswertberechnung anzusetzende zukünftige Gewinn beträgt also in diesem Fall 550.000 DM. Es ist klar, daß es sich hier um eine interne Rechnung des Kaufinteressenten handelt. Ein Gewinn in dieser Höhe ist realistisch, aber nur deshalb möglich, weil der Kaufinteressent diese Firma hinzukaufen möchte und sich hier Synergie-Effekte ergeben. Das heißt, daß er durch sein bereits vorhandenes Unternehmen und das hinzuzukaufende ein höheres Betriebsergebnis erwarten kann, als dies jemand tun könnte, der nur den zu kaufenden Betrieb führen würde.

Tabelle 4 – Zukunfts-Erfolgsrechnung

Posten	in Zukunft	in % vom Umsatz
(1) Umsatzerlöse	16.000.000,00	100,00
(2) Waren/Mat.-Einsatz	6.720.000,00	42,00
(3) Rohgewinn I	9.280.000,00	58,00
(4) Personalkosten	1.950.000,00	12,19
(5) Rohgewinn II/DB	7.330.000,00	45,81
Fixe Kosten		
(6) Raum-/Energiekosten	121.500,00	0,76
(7) Fahrzeugkosten	183.000,00	1,14
(8) sonst. Betriebskosten	13.500,00	0,08
(9) Versich.-beiträge	72.000,00	0,45
(10) Werbe-/Reisekosten	225.000,00	1,41
(11) Vertriebskosten	4.800.000,00	30,00
(12) Verwaltungskosten	345.000,00	2,16
(13) Summe	5.760.000,00	36,00
(14) Abschreibungen	320.000,00	2,00
(15) Zinsen	400.000,00	2,50
(16) Abschr. Forderungen	300.000,00	1,88
(17) Fixe Kosten ges.	6.780.000,00	42,38
(18) Betriebsergebnis	550.000,00	3,44
(19) Cash-flow (18) + (14)	870.000,00	5,44

Der Kaufinteressent hat diese Berechnung natürlich nicht dem Verkäufer offenbart und hat einen wesentlich niedrigeren zukünftigen Gewinn zur Berechnung des Ertragswertes angesetzt, mit dem dann in die Kaufverhandlungen eingestiegen wurde.

Ermittlung des Kapitalisierungszinsfußes

Der Kapitalisierungszinsfuß ist zumindest rechnerisch leichter zu ermitteln, als der zu erwartende Gewinn. Er muß, wie schon angedeutet, das Risiko, das in der Anlage steckt, berücksichtigen. Es kommt hier also darauf an, realistisch abzuschätzen, welche Risiken bestehen (vergleiche auch das Kapitel VI. Checklisten zur Prüfung von Objekten), um einen dementsprechenden Kapitalisierungszinsfuß zu bilden.

Der Kapitalisierungszinsfuß kann nach folgendem Rechenschema ermittelt werden:

Verzinsung von sicheren Anlagen
(zum Beispiel Bundesanleihen o. ä.), ... z. B. 7 Prozent

+ Zuschlag für erschwerte Verkäuflichkeit des Unternehmens, meist zwischen 1 und 3 Prozent, z. B. 2 Prozent

+ Zuschlag für unternehmerisches Risiko
zwischen 2 und 20 Prozent .... z. B. 4 Prozent

---

ergibt einen anzusetzenden
Kapitalisierungszinsfuß von   13 Prozent

Bezüglich der Verzinsung von sicheren Anlagen können Sie sich bei Ihrer Bank erkundigen.

Der Zuschlag für erschwerte Verkäuflichkeit ist natürlich nicht nur vom Unternehmen selbst, sondern auch vom Unternehmenskaufmarkt abhängig. Da derzeit die Nachfrage nach Unternehmen groß ist, ist hier mit einem relativ kleinen Zuschlag zu rechnen. Was das Unternehmen selbst anbelangt, so stellt es natürlich einen Unterschied dar, ob ein Unternehmen über Jahre hinweg geringen Schwankungen in Umsatz und Ertrag ausgesetzt gewesen ist, oder ob hier große Sprünge oder Trends zu verzeichnen sind.

Der Zuschlag für das unternehmerische Risiko hat die größte Bandbreite. Läßt sich ein gewinnstarkes Unternehmen mit großer Sicherheit so weiterführen wie bisher, so ist der Zuschlag entsprechend klein. Handelt es sich bei dem Unternehmen beispielsweise um ein sehr personenzentriertes Unternehmen, mit der Folge, daß ein Teil der Kundschaft nach der Transaktion abspringt (zum Beispiel Dienstleistungsunternehmen wie Ingenieurbüros, Beratungsfirmen etc.), so ist mit einem hohen Zuschlag zu rechnen.

Je nach Konjunkturlage und Zinslandschaft kann der Zinssatz für sichere Anlagen natürlich erheblich variieren. Das hat zur Folge, daß bei allgemein hohen Zinssätzen Unternehmen nach der Ertragswertmethode weniger Wert sind als bei niedrigen Zinssätzen, bei denen sich rechnerisch ein höherer Ertragswert ergibt.

Zur Zeit liegt der Kapitalisierungszinsfuß bei Unternehmensbewertungen branchendifferierend zwischen 10 und 30 Prozent, je nachdem, wie das unternehmerische Risiko und der Grad der Verkäuflichkeit des Unternehmens am Markt einzuschätzen sind.

Substanzwertverfahren

Das Substanzwertverfahren hat heute bei weitem nicht mehr die Bedeutung, die es früher hatte. Das ist auch richtig so, denn es kommt ja nicht allein darauf an, was an Vermögen da ist, sondern was mit diesem Vermögen verdient werden kann.

Das Substanzwertverfahren sollte also in keinem Fall als einzige Methode angewandt werden, sondern allenfalls als Hilfsmethode dienen, deren Ergebnis in Relation zum Ertragswert gesehen werden und zur Berechnung des später noch gezeigten Mittelwertes dienen sollte.

Trotzdem erfüllt der Substanzwert verschiedene wichtige Funktionen:

● Er zeigt den Zeitwert der Summe der Vermögensgegenstände des zu bewertenden Unternehmens an.
● Aus einer Aufstellung zur Berechnung des Substanzwertes kann man die zur Berechnung des Ertragswertes angemessenen Abschreibungen herausrechnen.

Das eben Gesagte zeigt deutlich, daß Sie auch hier wieder nicht einfach nur die Steuerbilanz hernehmen und einfach den Substanzwert errechnen können. Sie müssen vielmehr eine eigene Bilanz zum Übernahmestichtag erstellen, in der nicht die Buchwerte der einzelnen Vermögensgegenstände, sondern eben die tatsächlichen Verkehrswerte angesetzt sind.

Natürlich vereinfacht es die Berechnungen beträchtlich, wenn Sie die Steuerbilanz und die Inventurliste als Grundlage für die eigene Erstellung verwenden. Wenn Sie pragmatisch vorgehen wollen, nehmen Sie einfach die genannten Unterlagen zur Hand, kopieren diese und schreiben Sie die selbst oder durch Gutachter ermittelten Werte daneben und erstellen so Ihre eigene Bilanz.

Auf diese Weise erkennen Sie dann auch, welche Vermögensgegenstände vorhanden, aber nicht registriert sind. Bei dieser Gelegenheit sollten Sie gleich feststellen, ob es Vermögensgegenstände gibt, die nicht betriebsnotwendig sind. Manche Unternehmer kaufen beispielsweise irgendwelche Maschinen aus einer persönlichen Vorliebe heraus, obschon eine solche Anschaffung nicht wirklich notwendig war.

So haben wir erst kürzlich bei der Bestandsaufnahme in einem kleinen Metallbaubetrieb eine neu erworbene Blechbearbeitungsmaschine (Biege- und Stanzmaschine) für über 100.000 DM mit aufgenommen. Bei näherer Betrachtung wurde sichtbar, daß diese Maschine nicht einmal zehn Prozent Kapazitätsauslastung erreicht und somit vollkommen unwirtschaftlich arbeitet. Der Unternehmer, ein sehr symphatischer älterer Schwabe, stockte kurz auf unsere Frage, ob denn diese Maschine überhaupt notwendig sei und sagte: „Das ist halt so eine schöne Maschine!".

Erkennen Sie solche nicht betriebsnotwendigen Gegenstände, so sollten Sie sie entweder so niedrig ansetzen (und das mit dem Verkäufer auch besprechen), daß Sie sie selbst mit Gewinn verkaufen können, oder den Verkauf dem Verkäufer überlassen.

Wenn Sie ein Lager mitbewerten müssen, so achten Sie darauf, daß das Lager wirklich auf dem aktuellen Stand ist und Sie keine Ladenhüter mit einkaufen, die Sie nie wieder weiterveräußern können. Besonders das Lager ist ein Posten, bei dem manche Verkäufer versuchen, völlig überzogene Preise herauszuschlagen. Wenn Sie der Meinung sind, daß Sie einzelne Positionen nicht oder nicht in angemessener Zeit verkaufen können, der Verkäufer sich aber dessen sicher ist, dann schlagen Sie ihm doch einfach vor, zunächst nur den Lagerbestand zu übernehmen, den Sie für verkäuflich halten, und der Rest wird Ihnen in Kommission gegeben. Auf das, was Sie zum Beispiel binnen eines Jahres verkaufen, bekommen Sie eine je nach Branche und Geschäft festzulegende Provision und den Rest überlassen Sie dann etwa nach einem oder zwei Jahren vereinbarungsgemäß dem Verkäufer oder nehmen die Ware selbst, allerdings dann zu einem Bruchteil der Einkaufspreise, in Ihren Bestand.

Es liegt in der Natur der Sache, daß Ihre Vorstellungen als Käufer über den Wert des Anlage- und Umlaufvermögens (Maschinen, Büroeinrichtung, Ware etc.) sich erheblich von denen des Verkäufers unterscheiden. Wenn Sie selbst aus der Branche kommen und den Wert von Maschinen, Einrichtungsgegenständen und Ware beurteilen können, so ist es meist möglich, sich mit dem Verkäufer zu einigen. Gehen Sie also wie beschrieben anhand der Inventurliste Posten für Posten mit dem Verkäufer durch und einigen Sie sich auf den jeweiligen Wertansatz. Sollte dies nicht möglich sein, so wird Ihnen und dem Verkäufer nichts anderes übrig bleiben, als einen neutralen Gutachter zu bestimmen, der natürlich Geld kostet.

Was den Wertansatz von Grundstücken und Gebäuden anbelangt, so sollten Sie hier, falls Sie nicht Fachmann auf diesem Gebiet sind, ebenfalls einen entsprechenden Gutachter zu Rate ziehen.

Insbesondere für die Berechnung des Substanzwertes ist es wichtig, ob Sie das Unternehmen mit allen Aktiva und Passiva, also nicht nur die Vermögensgegenstände und den Kundenstamm, sondern auch die Forderungen und Verbindlichkeiten übernehmen.

Denn: Wenn Sie nur das Vermögen und den Kundenstamm übernehmen, müssen Sie natürlich auch nur das betriebsnotwendige Vermögen bewerten.

Steigen Sie dagegen in alle Aktiva und Passiva ein, so übernehmen Sie ja auch alle Forderungen und Verbindlichkeiten. Die Bewertung von Forderungen ist keine ganz einfache Angelegenheit, besonders dann, wenn die Umsätze nicht mit wenigen großen Kunden, sondern mit vielen kleinen gemacht werden.

Hier müssen Sie jeder einzelnen Forderung nachgehen und einschätzen, ob diese Forderung überhaupt noch einbringlich ist. Wenn das Ergebnis negativ ausfällt, dann müssen Sie diese Summe von dem Kaufpreis/dem Angebotsbetrag abziehen.

Je nach Betriebsgröße ist die Bewertung der einzelnen Posten natürlich mehr oder minder aufwendig. In einem kleinen Werkzeugbaubetrieb sind Sie vielleicht schon innerhalb zweier Tage mit der Durchforschung der Unterlagen fertig und auch mit dem Verkäufer einig. In einem Maschinenbaubetrieb mit 20.000.000 DM Umsatz und einigen hundert Posten brauchen Sie möglicherweise ein oder zwei Wochen. Eine Aufstellung für einen solchen letztgenannten Betrieb könnte zum Beispiel folgendermaßen aussehen:

Kost. stelle	Invent.- nummer	Beschrei- bung	Kauf- jahr	Ansch. kosten DM	Nutzungs- dauer Jahre	Einzel- veräuße- rungs- preis DM
530	128	Kugel- schlag- maschine	1924	25.000	62	1.000
245	90	Doppel- schleifbock	1950	2.500	36	100
245	53	Fräsmasch.	1961	20.000	25	1.000
570	51	Drehmasch.	1975	45.000	20	8.000
245	109	Flächen- schleifmasch.	1975	14.000	15	2.000
540	201	Doppel- schlagpresse	1977	400.000	20	150.000
515	503	Stanzautomat	1985	120.000	25	60.000
...	...					

Um das Wesen des Substanzwertverfahrens deutlich herauszustellen, ist auf der nächsten Seite eine bewußt klein gehaltene und stark vereinfachte Bilanz abgedruckt, die das Ergebnis einer Vorgehensweise sein kann, wie sie oben beschrieben ist.

Im folgenden Beispiel stehen die Werkstatteinrichtungen nur noch mit 25.000 DM zu Buche, während die eigene Bewertung des Kaufinteressenten 40.000 DM ergibt. Somit ergibt sich ein Mehrwert allein bei diesem Posten von 15.000 DM. Ähnlich ist es auch bei den Maschinen, Werkzeugen und Fahrzeugen. Der Warenbestand dagegen wurde statt mit 40.000 DM gemäß den Buchwerten aus der Steuerbilanz nur mit 25.000 DM bewertet, was zu einem Minderwert von 15.000 DM führt. Insgesamt jedoch – und das wird an der Bilanzsumme deutlich – wurden stille Reserven von 29.000 DM aufgedeckt.

AKTIVA	Buchwerte	eigene Bewertung	Mehr-/Minder- wert
	DM	DM	DM
Werkstatt- einrichtung	25.000	40.000	+ 15.000
Maschinen	50.000	70.000	+ 20.000
Werkzeuge	11.000	15.000	+ 4.000
Fahrzeuge	30.000	35.000	+ 5.000
Kasse	1.250	1.250	
Postscheck	2.350	2.359	
Bank	1.200	1.200	
Forderungen	53.000	53.000	
Warenbestand	40.000	25.000	- 15.000
Summen	**213.800**	**242.800**	**+ 29.000**
PASSIVA			
Darlehen, Bank	50.000	50.000	
Bankkredit	45.000	45.000	
Lieferanten	30.000	30.000	
AOK, Finanzamt	5.000	5.000	
Löhne	1.000	1.000	
Schuldwechsel	2.000	2.000	
Kapital	80.800	109.800	+ 29.000
Summen	**213.800**	**242.800**	

● Zusammenfassung: Die Alternativen beim Kauf einer Firma
Übernahme nur des betriebsnotwendigen Vermögens: Hier
werden die Posten aufaddiert, die betriebsnotwendig sind. Zum
Beispiel:

Werkstatteinrichtung	DM	40.000
Maschinen	DM	70.000
Werkzeuge	DM	15.000
Fahrzeuge	DM	35.000
Warenbestand	DM	25.000
Summe	DM	185.000

Der Substanzwert würde also in diesem Fall 185.000 DM betragen.

● Steigen Sie in alle Aktiva und Passiva ein, sprich: Sie übernehmen alle Forderungen und Verbindlichkeiten, und würde der Unternehmenswert ausschließlich nach dem Substanzwertverfahren berechnet, so wäre nun der Wert des Unternehmens bzw. Ihr Kaufpreis der Stand des Kapitals, der nach Buchwerten 80.800 DM und nach der eigenen Bewertung 109.800 DM beträgt.

Diese errechneten Werte können Sie allerdings noch nicht zum Ausgangspunkt für ein erstes Kaufpreisangebot machen. Doch dazu noch an anderer Stelle.

Mittelwertverfahren

Das Mittelwertverfahren ist eine in der deutschen Bewertungspraxis häufig angewandte Methode und wird auch als sogenanntes „Praktikerverfahren" bezeichnet.

Die Errechnung des Mittelwertes nach dem Mittelwertverfahren setzt voraus, daß bereits der Ertrags- und Substanzwert des Kaufobjektes ermittelt wurden.

Der Mittelwert errechnet sich in seiner einfachsten Form wie folgt:

$$\text{Mittelwert} = \frac{\text{Ertragswert} + \text{Substanzwert}}{2}$$

Diese vereinfachte Form der Berechnung des Mittelwerts hat naturgemäß den Nachteil, daß für alle Branchen dem Substanzwert und dem Ertragswert die gleiche Bedeutung beigemessen wird. Dies ist jedoch nicht realistisch, denn ein produzierender Betrieb mit großem Maschinenanteil und Fuhrpark ist natürlich viel mehr auf seine Substanz angewiesen, als beispielsweise ein Ingenieurbüro, das kaum über Vermögen verfügt und primär seine Dienstleistung verkauft.

In der Praxis werden daher Substanz- und Ertragswert je nach Wirtschaftsbereich verschieden stark gewertet und es ergibt sich somit folgende Formel:

$$\text{Mittelwert} = \frac{A \times \text{Ertragswert} + B \times \text{Substanzwert}}{(A + B)}$$

Der Gewichtungsfaktor A berücksichtigt also die Bedeutung des Ertragswertes, der Faktor B dagegen die des Substanzwertes.

So könnte also im konkreten Fall bei der Bewertung beispielsweise eines Ingenieurbüros der Faktor A (Ertragswert) = 4 und der Faktor B (Substanzwert) = 1 sein, womit die geringe Bedeutung der Substanz dieses Dienstleistungsunternehmens in B berücksichtigt ist.

Ein weiterer interessanter Aspekt ergibt sich aus dem Vergleich des Substanz- und des Ertragswertes. Oft wird vom sogenannten „Firmenwert" gesprochen (wobei diesem Wertansatz eine immer wieder andere Definition zugrunde gelegt wird).

Wir wollen folgende Definition des Firmenwertes vornehmen:

Ertragswert
− Substanzwert
= Firmenwert

Der Firmenwert ist also ein Wert, der sich nicht irgendwie körperlich nachvollziehen läßt – es stehen ihm keine Vermögensgegenstände direkt gegenüber. Der Firmenwert drückt vielmehr andere Werte aus, wie zum Beispiel einen soliden Kundenstamm, eine eingespielte Mitarbeitermannschaft etc. Einen positiven Firmenwert kann es nach dieser Rechnung nur geben, wenn der Ertragswert größer als der Substanzwert ist, und das ist auch richtig so. Aus diesem Grunde müssen auch Ertrags- und Substanzwert wie beschrieben berechnet werden. Manche Verkäufer ermitteln einfach den Substanzwert und setzen einen willkürlichen Firmenwert für Kundschaft, Technologie etc. an. Die Addition beider Werte ergibt dann den Kaufpreis. Rechnet man bei diesen Angeboten einen Ertragswert nach, so stellt sich meist heraus, daß die Firma den geforderten Kaufpreis nie verdienen können wird, weil der Ertragswert viel zu gering oder möglicherweise überhaupt nicht vorhanden ist.

Umsatzmethode

Die Bewertung eines Unternehmens nach der Umsatzmethode ist recht einfach. Der Wert ergibt sich aus dem angesetzten und in der Regel bisher erzielten Jahresumsatz, der mit einem bestimmten Faktor multipliziert wird.

Beispiel:

Umsatz 600.000 DM, Multiplikator 1,2
Kaufpreis: 600.000 DM x 1,2 = 720.000 DM

So einfach die Umsatzmethode ist, so unbrauchbar ist sie leider zur Bewertung von Unternehmen. Sie kann allerdings dazu dienen, einen ersten Eindruck über den Wert des Unternehmens zu bekommen, wenn man davon ausgehen kann, daß Umsatz und Kostenstruktur und damit die Gewinnsituation dem Branchendurchschnitt entsprechen, bei dem nach vielen Bewertungen ein Durchschnittsmultiplikator errechnet wurde. Verlassen Sie sich nicht auf dieses Verfahren und glauben Sie auch keinem Verkäufer oder einem seiner Beauftragten, der Ihnen die Berechnung nach diesem Verfahren als die in dieser Branche übliche Methode verkaufen möchte. Die Kostenstruktur und Ertragssituation ist vielleicht so, daß sich der nach der Umsatzmethode ermittelte Kaufpreis niemals einbringen lassen würde.

Liquidationswertmethode

Bewertet man ein Unternehmen nach der Liquidationswertmethode, so geht man von der Überlegung aus, welchen Wert das Unternehmen hat, wenn man es kaufen würde und dann liquidieren, also aufgeben.

Dies erfolgt nach folgendem Rechenschema:

Liquidationswert der Wirtschaftsgüter
(Preis den man erzielt, wenn man alle Wirtschaftsgüter einzeln oder en bloc verkauft)

56

- alle Schulden

(alle bilanzierten und nicht bilanzierten Verbindlichkeiten sowie Kosten eines evtl. Sozialplans, Ablösung von Miet-, Pacht-, Leasingverträgen, Demontagen und Transportkosten etc.)

= Liquidationswert

Es liegt auf der Hand, daß der Verkäufer kaum mit einem auf diese Weise errechneten Wert einverstanden ist. Andererseits wäre es für so manches notleidende Unternehmen besser, rechtzeitig zum Liquidationswert zu verkaufen und die Liquidation einem Liquidator zu überlassen, bevor die Schulden und Liquidationskosten das Vermögen endgültig übersteigen.

Die Liquidationswertmethode wird für Sie als Existenzgründer oder auch Unternehmer, der weitere Firmen hinzukaufen möchte, in aller Regel keine Rolle spielen.

Methode der Übergewinnkapitalisierung

Die Methode der Übergewinnkapitalisierung, auch manchmal als „direkte Methode" bezeichnet, enthält Elemente aus dem Substanz- und Ertragswertverfahren und wird in der Praxis weniger häufig angewendet.

Der Gesamtwert bzw. Kaufpreis besteht hier aus dem Substanzwert und einem hinzuzurechnenden Firmenwert. Letzterer wird dadurch berechnet, daß ein sogenannter Übergewinn ermittelt wird. Zu diesem Zweck zerlegt man den nachhaltig zu erwartenden Gewinn in zwei Komponenten. Die erste ist die Verzinsung des Substanzwertes und wird auch als Normalgewinn bezeichnet. Zieht man diesen Normalgewinn vom nachhaltig zu erwartenden Gewinn ab, so erhält man den Übergewinn. Dieser Übergewinn wird nun mit einem erhöhten Zinsfuß kapitalisiert und man erhält den Firmenwert.

Dieser Vorgehensweise liegt der Gedanke zugrunde, daß die Gewinne, die die Verzinsung des Substanzwertes übersteigen, schwerer realisierbar sind, als die normale Verzinsung des Substanzwertes. Deshalb wird hier ein erhöhter Zinsfuß angesetzt. Um das Verfahren zu verdeutlichen, zeigen wir folgendes Beispiel:

Substanzwert: 1.000.000 DM
Kapitalisierungszinsfuß: 10%
Nachhaltig zu erwartender Gewinn: 150.000 DM
  Wie hoch ist der Kaufpreis für das Unternehmen nach der Methode der Übergewinnkapitalisierung?

a) Berechnung des Normalgewinns:
   10% von 1.000.000 DM = 100.000 DM

b) Berechnung des Übergewinns:
      150.000 DM (nachhaltig zu erwartender Gewinn)
   − 100.000 DM (Normalgewinn)
   =   50.000 DM (Übergewinn)

c) Berechnung des Firmenwertes:

$$\text{Firmenwert} = \frac{\text{Übergewinn x } 100}{\text{Risikokapitalisierungszinsfuß}}$$

$$330.000 \text{ DM} = \frac{\text{DM } 50.000 \text{ DM x } 100}{15\ \%}$$

d) Berechnung des Kaufpreises:
   Substanzwert: 1.000.000 DM
   + Firmenwert: 330.000 DM
   = Kaufpreis: 1.330.000 DM

  Über Sinn oder Unsinn insbesondere des Ansatzes von zwei unterschiedlichen Zinssätzen streiten sich die Gelehrten. In der Praxis wird das Verfahren wenig angewandt.

Methode der verkürzten Goodwill-Rentendauer

Die Methode der verkürzten Goodwill-Rentendauer ist eine Weiterentwicklung der Methode der Übergewinnkapitalisierung. Von der Vorgehensweise her wird nach dieser Methode gleich gerechnet wie in der vorstehenden. Hier werden die Übergewinne jedoch

58

nur über eine begrenzte Anzahl von Jahren abgegolten. Diese Überlegung wird deshalb angestellt, weil der frühere Inhaber zumindest theoretisch nur noch für eine begrenzte Zeitspanne nach der Übergabe für die erzielten Übergewinne verantwortlich ist und auch nur für diese Zeitdauer eine Vergütung erhalten kann.

Dieses Verfahren soll nur der Vollständigkeit halber genannt werden, wird aber wie auch die Methode der Übergewinnkapitalisierung in der Praxis selten angewandt.

Stuttgarter Verfahren

Das Stuttgarter Verfahren hat deshalb große Bedeutung, weil nach ihm, gemäß der Mehrzahl der Satzungen von GmbHs, bei Auseinandersetzungen und einem Austritt von Gesellschaftern Anteile bewertet werden, wenn man sich nicht anders einigen kann. Es wird in erster Linie von der Finanzverwaltung zur Ermittlung des gemeinen Wertes von nichtnotierten Aktien und Anteilen angewandt. Definitionsgemäß wird der gemeine Wert durch den Preis bestimmt, der im gewöhnlichen Geschäftsverkehr nach der Beschaffenheit des Wirtschaftsgutes bei einer Veräußerung zu erzielen wäre. Näheres ist im Bewertungsgesetz (BewG) geregelt. Steuerberater und Wirtschaftsprüfer wenden dieses Verfahren manchmal ebenfalls an. Der auf diese Weise ermittelte Kaufpreis entspricht durch die Unflexibilität des Verfahrens und durch das nur pauschalierte Eingehen auf die tatsächlich vorhandenen und bewerteten Vermögensgegenstände und andere Faktoren nicht den Realitäten und wird so zur betriebswirtschaftlichen Bewertung von Unternehmen kaum herangezogen. Meist ergeben sich viel zu geringe Werte. Hier hat der oft sehr niedrig gehaltene Wert den Vorteil, daß die Firma nach dem Austritt eines Gesellschafters nicht „ausblutet". Als potentieller Käufer sollten Sie sich mit dem Verfahren in der Regel nicht beschäftigen (müssen).

Somit werden sowohl das Vermögen als auch die Ertragsaussichten des Kaufobjektes berücksichtigt. Um zum oben genannten gemeinen Wert zu kommen, müssen vorher der Vermögenswert und der Ertragshundertsatz berechnet werden. Den Vermögenswert bekommen Sie, indem Sie zunächst das gesamte Vermögen

Ihres Kaufobjektes berechnen. Dabei gehen Sie vom Einheitswert des Betriebsvermögens aus, das vom Finanzamt mindestens alle drei Jahre jeweils auf den 1. Januar festgestellt wird. Die Schwierigkeit ist, daß der Einheitswert des Betriebsvermögens in den meisten Fällen nicht dem tatsächlichen Wert des Gesellschaftsvermögens entspricht.

Bedingt durch steuerrechtliche und handelsrechtliche Bewertungsvorschriften werden gewisse Vermögensgegenstände und Schulden nicht oder nicht mit dem tatsächlichen Wert erfaßt. Deshalb müssen Wertansatzkorrekturen Berücksichtigung finden. Eine solche Wertansatzkorrektur ist insbesondere bei Betriebsgrundstücken erforderlich, da diese im Einheitswert des Betriebsvermögens nicht mit dem tatsächlichen Wert (Verkehrswert) sondern lediglich mit 140 Prozent ihres Einheitswertes enthalten sind.

Sofern nicht andere Anhaltspunkte für den Verkehrswert vorliegen, setzen Sie Betriebsgrundstücke mit 280 Prozent ihres Einheitswertes, mindestens aber mit dem in der Steuerbilanz ausgewiesenen Wert an. Die Wertansatzkorrekturen dürfen Sie nur dann vornehmen, wenn sie sich auf den Anteilswert wesentlich auswirken. Dies ist dann der Fall, wenn sie insgesamt mehr als 10% des um die Mengenkorrekturen berichtigten Einheitswertes des Betriebsvermögens ausmachen.

Wie Sie bei der Berechnung vorgehen müssen, zeigt Ihnen das folgende Schema:

Berechnung Wertansatzkorrektur:

Summe der Einheitswerte der Betriebsgrundstücke	100.000 DM
280 Prozent von 100.000 DM (Summe der Einheitswerte)	280.000 DM
Steuerbilanzwert	300.000 DM
Ansatzhöhe ist der größere der beiden Werte	300.000 DM
abzüglich Wertansatz im Einheitswert des Betriebsvermögens: 140 Prozent von 100.000 DM	
	140.000 DM
Durchschnittlicher Einheitswert	**160.000 DM**

Das Stuttgarter Verfahren unterstellt nun in diesem Fall, daß das Vermögen oder einzelne Teile des Vermögens mitunter für den Besitzer oder Anteilseigner nicht denselben Wert haben, wie für das Unternehmen selbst.

Um die Umstände zahlenmäßig zu werten, verlangt das Verfahren, das für die Bewertung ermittelte Vermögen noch um 15% zu kürzen.

Das um diesen Abschlag gekürzte Vermögen setzen Sie mit dem Nennkapital Ihres Kaufobjektes ins Verhältnis. Der sich hierbei ergebende Hundertsatz, der als Vermögenswert bezeichnet wird, ist für Ihre weiteren Berechnungen maßgebend.

Das methodische Vorgehen zeigt Ihnen untenstehendes Schema:

Berechnung des Vermögenswertes:

Einheitswert des Betriebsvermögens	160.000 DM
+ steuerbefreites Auslandsvermögen	0 DM
− Rückstellungen (Garantierückstellung, Rückstellungen für Abschlußkosten etc.)	20.000 DM
+ eventuelle Wertansatzkorrektur für nicht mit dem tatsächlichen Wert erfaßte Vermögensgegenstände, falls sie mehr als 10% des Betriebsvermögens betragen sollten (siehe Berechnung Wertansatzkorrektur)	160.000 DM

ansetzbares Vermögen: **300.000 DM**

− Abschlag von 15 Prozent zur Abgeltung aller möglichen Wertminderungen 45.000 DM

gekürztes Vermögen: **255.000 DM**

$$\text{Vermögenswert} = \frac{\text{gekürztes Vermögen} \times 100}{\text{Nennkapital}}$$

$$= \frac{255.000 \text{ DM} \times 100}{200.000 \text{ DM}}$$

Wenden Sie das Stuttgarter Verfahren an, so ist auch der voraussichtliche zukünftige Jahresertrag Ihres Kaufobjektes für die Bewertung ausschlaggebend. Für die Schätzung dieses Jahresertrages bietet Ihnen der bisherige, tatsächlich erzielte Durchschnittsertrag eine wichtige Beurteilungsgrundlage.

Sie sollten ihn deshalb möglichst aus den Betriebsergebnissen der letzten drei Jahre vor dem Bewertungsstichtag herleiten. Sie gehen dabei vom jeweiligen zu versteuernden Einkommen im Sinne des Körperschaftsteuergesetzes aus. Dieses Einkommen müssen Sie aber aufgrund der speziellen ertragsteuerlichen Vorschriften noch wie folgt korrigieren:

a) durch Hinzurechnungen

- Sonderabschreibungen
- Verlustabzug (Verlustrück- oder -vortrag)
- einmalige Veräußerungsverluste
- Investitionszulagen

b) durch Kürzungen

- einmalige Veräußerungsgewinne
- nichtabziehbare Aufwendungen (zum Beispiel Vermögensteuer, Ausnahme: Körperschaftsteuer)
- „Tarifbelastung" auf die nicht abziehbaren Aufwendungen in Höhe von 127 Prozent

Zur Absicherung aller Unwägbarkeiten können Sie von dem errechneten Durchschnittsertrag noch einen Abschlag von 30 Prozent machen.

Den schließlich verbleibenden Jahresertrag setzen Sie analog zur Berechnung des Vermögenswertes mit dem Nennkapital Ihres Kaufobjektes ins Verhältnis. Es ergibt sich wieder ein Hundertsatz, der als Ertragshundertsatz berechnet wird. Er wird ebenfalls für Ihre weiteren Berechnungen maßgebend sein.

Berechnung des Ertragshundertsatzes:

zu versteuerndes Betriebsergebnis 1985	25.000 DM
– nichtabziehbare Aufwendungen 1985	1.500 DM
127 Prozent von diesem Betrag	1.905 DM
Zwischensumme 1	21.595 DM
zu versteuerndes Betriebsergebnis 1986	7.000 DM
– nichtabziehbare Aufwendungen 1986	500 DM
127 Prozent von diesem Betrag	635 DM
Zwischensumme 2	5.865 DM
zu versteuerndes Betriebsergebnis 1987	19.000 DM
– nichtabziehbare Aufwendungen 1987	500 DM
127 Prozent von diesem Betrag	635 DM
Zwischensumme 3	17.865 DM

Summe der Jahresbeträge
(Zwischensumme 1–3)   **45.325 DM**

Durchschnittsertrag =   15.108 DM
30 Prozent Abschlag vom Durchschnittsertrag
zur Absicherung aller Unwägbarkeiten
(30 Prozent aus 15.108 DM)   4.533 DM
Ertragshundertsatz   **10.575 DM**

$$\text{Ertragshundertsatz} = \frac{\text{verbleibender Jahresertrag x 100}}{\text{Nennkapital}}$$

$$\frac{10.575 \text{ DM x } 100}{200.000 \text{ DM}} = 5,29 \text{ Prozent}$$

Nun können Sie den gemeinen Wert Ihres Kaufobjektes oder Ihrer zu kaufenden Beteiligung berechnen.

Dabei geht das Stuttgarter Verfahren davon aus, daß Sie die Ertragsaussichten Ihres Kaufobjektes weniger nach der Verzinsung des Nennkapitals beurteilen, als vielmehr nach der Rendite des Kapitals, das Sie zu dessen Erwerb aufwenden müssen.

Dazu macht dieses Verfahren noch weitere Annahmen:

- Sie werden die Erträge Ihres Kaufobjektes mit den Zinsen vergleichen, die das von Ihnen aufzuwendende Kapital, falls Sie es in anderer Weise angelegt haben, erbringen würde.
- Sie werden nur insoweit bereit sein, einen über dem Vermögenswert liegenden Kaufpreis zu bezahlen, als in einem übersehbaren Zeitraum (fünf Jahre) die Erträge den Betrag dieser Zinsen übersteigen.
- Sie werden entsprechend weniger zahlen, wenn die Erträge unter diesem Betrag liegen.
- Sie werden als Käufer, der sein Kapital in anderer Weise angelegt hat, nach den wirtschaftlichen Verhältnissen vom Bewertungsstichtag an mit einer Verzinsung von etwa zehn Prozent rechnen wollen.

Diese Annahmen führen nach dem Stuttgarter Verfahren dazu, daß Sie den gemeinen Wert Ihres Kaufobjektes mit 65 Prozent der Summe aus Vermögenswert und fünffachem Ertragshundertsatz festsetzen müssen.

Besondere Umstände, die in den bisherigen Berechnungen noch nicht hinreichend zum Ausdruck gekommen sind, dürfen durch Zu- und Abschläge berücksichtigt werden. Zuschläge kommen indes sehr selten in Betracht.

Dagegen kommt ein Abschlag vor allem bei einem Kaufobjekt in Betracht, bei dem nachhaltig unverhältnismäßig geringe Erträge einem großen Vermögen gegenüberstehen. Unverhältnismäßig geringe Erträge können Sie unterstellen, wenn die Rendite, das heißt das Verhältnis vom Ertragshundertsatz zum Vermögenswert, weniger als fünf Prozent ausmacht.

In diesem Fall beträgt der Abschlag jeweils drei Prozent des bisher von Ihnen errechneten gemeinen Wertes für eine Renditeminderung von 0,5 Prozent. Somit ergeben sich folgende Abschläge:

64

bei einer Rendite von		Abschlag in %
unter 5,0%	bis 4,5%	3
unter 4,5%	bis 4,0%	6
unter 4,0%	bis 3,5%	9
unter 3,5%	bis 3,0%	12
unter 3,0%	bis 2,5%	15
unter 2,5%	bis 2,0%	18
unter 2,0%	bis 1,5%	21
unter 1,5%	bis 1,0%	24
unter 1,0%	bis 0,5%	27
unter 0,5%		30

Demgemäß ergibt sich bei einem Ertragshundertsatz von 0 Prozent ein gemeiner Wert von 45,5 Prozent des Vermögenswertes.

Nun zur Verdeutlichung nachfolgend ein systematisches Berechnungsschema mit einem Beispiel:

Berechnung des Gemeinen Werts nach dem Stuttgarter Verfahren

Vermögenswert:	127,50%
Ertragshundertsatz 5,29% x 5:	26,45%
Summe	**153,95%**
davon 65%	100,07%

falls notwendig, Abschlag wegen geringer Erträge:

$$\text{Rendite} = \frac{\text{Ertragshundertsatz x 100}}{\text{Vermögenswert}} \quad \frac{5,29\% \text{ x } 100}{127,50\%} \quad 4,15\%$$

Abschlag laut Tabelle eingeb.:	
6% von 100,07% =	6,00%
Gemeiner Wert:	94,07%
abgerundet:	94,00%

Ergebnis:
Die Anteile oder das gesamte Unternehmen haben am 31. 12. 19.. einen gemeinen Wert von
200.000 DM x 94% =   188.000 DM

Wollen Sie das Stuttgarter Verfahren bei der Bewertung Ihres Kaufobjektes richtig anwenden, so sollten Sie noch einige seiner Sonderfälle beachten:

Gewährt zum Beispiel Ihr Besitz von Aktien oder Anteilen keinen Einfluß auf die Geschäftsleitung, so müssen Sie dies bei der Ermittlung des gemeinen Wertes berücksichtigen.

Bei einem Anteilsbesitz von mehr als 25 Prozent des Nennkapitals können Sie stets von einem Einfluß auf die Geschäftsführung ausgehen.

Kaufen Sie Aktien oder Anteile ohne Einfluß auf die Geschäftsleitung, müssen Sie im Rahmen Ihrer Berechnung des Vermögenswerts das für die Anteilsbewertung ermittelte Vermögen nicht um 15 Prozent sondern um 25 Prozent kürzen. Weiterhin dürfen Sie bei der Berechnung des Ertragshundertsatzes nicht von den Betriebsergebnissen, sondern von den tatsächlichen in den drei letzten Jahren vor dem Bewertungsstichtag ausgeschütteten Dividenden, zuzüglich der anzurechnenden Körperschaftsteuer, ausgehen. Ist jedoch der aus den Betriebsergebnissen hergeleitete Ertragshundertsatz (Normalbewertung) niedriger, so müssen Sie diesen berücksichtigen. Einen eventuell zu berücksichtigenden Abschlag wegen geringer Erträge berechnen Sie wie bei der Normalbewertung.

Auf weitere Sonderfälle bei der Bewertung mittels des Stuttgarter Verfahrens kann an dieser Stelle nicht eingegangen werden. Sie ergeben sich zum Beispiel bei der Bewertung einer Holding und von gemeinnützigen Kapital- oder Organgesellschaften.

VIII. Welche steuerlichen Aspekte sind wichtig für Sie?

Beim Kauf eines Unternehmens oder einer Beteiligung sollten Sie im übrigen auch steuerliche Aspekte berücksichtigen. Eine steuerlich günstige Gestaltung kann bewirken, daß Sie als Käufer den Kaufpreis leichter tragen können.

Wie allerdings schon bei der betriebswirtschaftlichen Kaufpreisermittlung, stehen auch hier Ihre Interessen den Interessen des Verkäufers gegenüber, der ebenfalls auf eine steuerlich vorteilhafte Gestaltung der Transaktion Wert legen wird. Ein Hineindenken in den Verhandlungspartner hilft beim eigenen Argumentieren oft weiter.

Wie schon in anderen Bereichen, so gilt auch hier: Es geht nicht ohne Fachmann, also ohne Steuerberater oder Wirtschaftsprüfer. Einige grundlegende Kenntnisse sollten Sie jedoch vor Eintritt in die eigentlichen Kaufpreisverhandlungen haben, um steuerliche Vor- und Nachteile frühzeitig einschätzen zu können. Vor Inkrafttreten des Bilanzrichtliniengesetzes zum 1. 1. 1986 konnten bezahlte Firmenwerte nicht abgeschrieben werden. Aus diesem Grunde wurde zum Teil versucht, den Kaufpreis auf Vermögenspositionen zu verteilen, die abschreibbar waren. Nach dem neueingefügten Satz 3 in § 7 Abs. 1 EStG kann nun der Firmenwert auf 15 Jahre linear abgeschrieben werden; wahlweise ist es auch möglich, ihn auf die Jahre zu verteilen, in denen er voraussichtlich genutzt wird.

Die Freiberufler allerdings (Ärzte, Rechtsanwälte, Steuerberater, Wirtschaftsprüfer) konnten ihren Praxiswert schon immer – und zwar auf drei bis fünf Jahre – abschreiben.

Unabhängig davon können Sie als Erwerber von GmbH-Anteilen gezahlte Aufgelder nicht steuerlich abschreiben.

Was die Abschreibungsdauer anbelangt, so werden Sie als Käufer, wenn Sie kurzfristig bereits sehr hohe Gewinne erwarten, versuchen, einen möglichst großen Anteil des Kaufpreises Werten zuzuschreiben, die sofort oder möglichst kurz abschreibbar sind (Warenbestand, Anlagevermögen mit einer kurzen Restnutzungsdauer). Insbesondere wenn Sie ein Unternehmen mit allen Aktiva und Passiva übernehmen oder eine Beteiligung kaufen, also beispielsweise den Anteil an einer Kapitalgesellschaft, tragen Sie ein erhebliches Risiko bezüglich der bestehenden Verbindlichkeiten und insbesondere auch der Steuerschulden (vergleiche auch Kapitel X.). Überprüfen Sie die steuerliche Situation des zu kaufenden Unternehmens gewissenhaft bzw. beauftragen Sie damit einen Fachmann. Lassen Sie sich die Prüfberichte über abgeschlossene Außenprüfungen geben und analysieren Sie die Beanstandungen. Dabei sehen Sie auch, seit wann nicht mehr geprüft wurde, und gegebenenfalls, ob in Kürze wieder mit einer Prüfung zu rechnen ist. Denn wie Sie in Kapitel X dieses Buches nachlesen können, haften Sie mit dem Veräußerer gesamtschuldnerisch für die beschriebenen Steuerschulden. Sie können zwar im Innenverhältnis mit dem Veräußerer vereinbaren, daß ausschließlich dieser haften soll. Dies bringt Ihnen im Zweifelsfalle aber wenig, wenn bei dem nichts mehr zu holen ist.

Wir möchten hier noch besonders auf die Umsatzsteuerschuld hinweisen, die beim Unternehmenserwerb anfallen kann. Umsatzsteuer fällt nicht an, wenn nur Anteile einer Kapitalgesellschaft erworben werden, jedoch dann, wenn ein Unternehmen mit sämtlichen Aktiva und Passiva gekauft wird. Ist im letzteren Fall keine Umsatzsteuerklausel vereinbart worden, so besteht die Gefahr, daß bei einer späteren Umsatzsteuerprüfung die Steuer aus dem Kaufpreis herausgerechnet und vom Finanzamt eingefordert wird. Die Umsatzsteuerschuld ist natürlich eine Schuld des Veräußerers; Sie haften aber, wie oben erwähnt, gesamtschuldnerisch mit dem Veräußerer, und man wird das Geld bei Ihnen holen, wenn es beim Verkäufer nicht mehr einbringlich ist.

Die steuerliche Situation eines Veräußerers stellt sich häufig wesentlich schwieriger dar als die des Käufers. Erfreulicherweise sieht das Einkommensteuerrecht hier einige Vergünstigungen vor.

Diese greifen dann in Form von Freibeträgen und ermäßigten

Steuersätzen, wenn ganze Komplexe von Vermögensteilen, wie Betriebe oder Teilbetriebe, verkauft werden.
Die nachfolgende Übersicht gibt einen Überblick über die begünstigten Veräußerungsgewinne gemäß Einkommensteuergesetz:

§ 14 EStG:	Einkünfte aus Land- und Forstwirtschaft, bei der Veräußerung eines ganzen Betriebes, eines Teilbetriebes oder eines Mitunternehmeranteiles
§ 14a EStG:	Einkünfte aus Land- und Forstwirtschaft aus Betriebsveräußerungen in der Zeit von 1. 7. 1970 bis 31. 12. 1985
§ 16, Abs. 1, Ziff. 1 EStG:	Veräußerung eines ganzen Gewerbebetriebs, Veräußerung eines Teilbetriebs
§ 16, Abs. 1, Ziff. 2 EStG:	Veräußerung eines Mitunternehmeranteils
§ 16, Abs. 1, Ziff. 3 EStG:	Veräußerung eines Anteils eines persönlich haftenden Gesellschafters einer KG a.A.
§ 16, Abs. 3 EStG:	Aufgabe eines Gewerbebetriebes oder eines Teilbetriebes
§ 17 EStG:	Einkünfte aus Gewerbebetrieben durch die Veräußerung von privaten Anteilen an einer Kapitalgesellschaft bei wesentlicher Beteiligung
§ 18, Abs. 3 EStG:	Einkünfte aus selbständiger Arbeit bei der Veräußerung des ganzen Vermögens, eines selbständigen Teils des Vermögens oder eines Anteils am Vermögen, das der selbständigen Arbeit dient

Aus unserer vorstehenden Übersicht wird deutlich: Es gibt aus Verkäufersicht zwei entscheidende Paragraphen im Einkommensteuergesetz: Zum einen § 16 EStG, der die Ermittlung und steuerliche Behandlung des Gewinns aus Betriebsveräußerungen von Einzelunternehmen und Personengesellschaften sowie deren Anteilen betrifft. Zum anderen § 17 EStG, der die Ermittlung und steuerliche Behandlung des Gewinns aus der Veräußerung von Kapitalgesellschaften und deren Anteilen betrifft.

Eine Veräußerung nach § 16 Abs. 1, Ziff. 1 EStG liegt vor, wenn der Veräußerer sein gesamtes Einzelunternehmen oder eine Personengesellschaft in der Weise verkauft, daß Sie den Betrieb als (einen einheitlichen) geschäftlichen Organismus fortführen können. Es ist dabei für den Veräußerer nicht von Bedeutung, ob er auch tatsächlich fortgeführt wird. Auch wenn der Verkäufer Wirtschaftsgüter, die nicht zu den wesentlichen Betriebsgrundlagen gehören, zurückbehält, um sie später bei günstiger Gelegenheit zu verkaufen, richtet sich seine Besteuerung nach § 16 Abs. 1, Ziff. 1 EStG.

Was passiert aber, wenn nur ein Teil eines Einzelunternehmens oder einer Personengesellschaft verkauft wird?

Dafür hat das Steuerrecht den Begriff des „Teilbetriebes" definiert. Ein Teilbetrieb liegt nach Abschnitt 139, Abs. 3 EStG-Richtlinien dann vor, wenn dieser eine gewisse Selbständigkeit innerhalb des Unternehmens genossen hat, ein organisatorisch geschlossener Teil war und für sich betrachtet alle Merkmale eines Betriebes gemäß EStG aufweist und auch für sich lebensfähig wäre. Das sind insbesondere Zweigwerke und Filialen.

Wie sieht es aber aus, wenn Sie einen Anteil an einem Unternehmen kaufen wollen, der nicht Teilbetrieb ist?

Hier kommt es darauf an, ob eine „Mitunternehmerschaft" vorliegt. Das heißt, der Verkäufer muß mit seinem Anteil in dem Unternehmen „unternehmerisch" tätig gewesen sein im Sinne des Einkommensteuerrechts.

Zu dem Begriff „unternehmerisch tätig sein" nennt das Steuerrecht einige Kriterien, die gegeben sein sollten:

● Beteiligung am Gewinn und Verlust der Gesellschaft
● Beteiligung an der Substanz (insbesondere Anlagevermögen einschließlich stiller Reserven)

- Beteiligung am Firmenwert und am Liquidationsergebnis
- gesamtschuldnerische Haftung für die Gesellschaftsschulden.
Damit fallen Beteiligungen an den folgenden Rechtsformen unter den Begriff „Mitunternehmerschaft":
- OHG, KG, GmbH & Co. KG, atypische Stille Gesellschaft sowie vereinzelt die Gesellschaft des bürgerlichen Rechts.

„Mitunternehmerschaft" ist aber nicht bei einer typischen Stillen Gesellschaft gegeben.

Erfüllt der Verkäufer eines der Kriterien für die Annahme einer Mitunternehmerschaft?

Gut, dann unterliegen seine Veräußerungsgewinne nur dem halben Steuersatz!

Bei der Veräußerung von Anteilen an Personengesellschaften wollen wir Ihnen noch eine sehr häufige und beliebte Variante nennen:

– Die Veräußerung der Anteile an einer Personengesellschaft auf Rentenbasis.

Bei der Besteuerung kann der Veräußerer in diesem Fall zwischen zwei Möglichkeiten wählen:
- Der bei der Veräußerung entstandene Gewinn wird sofort versteuert. In diesem Fall kommen die Vorschriften in § 16 EStG zur Anwendung.
- Die Rentenzahlungen kann der Veräußerer auch als nachträgliche Betriebseinnahmen i. S. v. § 15 in Verbindung mit § 24 Nr. 2 EStG behandeln. Hingegen kann er nicht die Freibeträge nach § 16 Abs. 4 EStG und den ermäßigten Steuersatz nach § 34 Abs. 1 EStG bei dieser Gestaltung der Kaufpreiszahlung in Anspruch nehmen (vgl. Abschnitt 139 Abs. 12, S. 1–8 EStR).

§ 16 EStG enthält noch den Abs. 3, der besagt, daß auch die Aufgabe eines Einzelunternehmens oder einer Personengesellschaft als Verkauf gilt. Auch hierzu hat das Steuerrecht den Begriff der „Betriebsaufgabe" ganz neu definiert:

Die Aufgabe des Gewerbebetriebs ist nach Abschnitt 139 Abs. 2 EStG immer anzunehmen, wenn der Betrieb als wirtschaftlicher Organismus zu bestehen aufgehört hat. Voraussetzung für die Annahme einer Betriebsaufgabe gemäß § 16 Abs. 2 EStG ist, daß alle wesentlichen Grundlagen des gesamten Gewerbebetriebs „innerhalb kurzer Zeit und damit in einem einheitlichen Vorgang (nicht nach und nach) entweder in das Privatvermögen überführt oder teilweise veräußert werden und damit der Betrieb als selbständiger Organismus des Wirtschaftslebens zu bestehen aufhört" (Abschnitt 139 Abs. 2 S. 1 EStR).

Damit haben wir die verschiedenen Möglichkeiten des § 16 EStG beleuchtet und kommen nun zu der elementaren Frage:

Wann und wie entstehen Veräußerungsgewinne und wie werden sie berechnet? Ein Kriterium kennen Sie inzwischen schon: Es muß sich um Betriebsvermögen handeln!

Veräußerungsgewinne im Sinne von § 16 Abs. 1 Ziff. 1–3 EStG sind der Betrag, um den der Veräußerungspreis nach Abzug der Veräußerungskosten den Wert des Betriebsvermögens oder des Anteils am Betriebsvermögen übersteigt.

Den Wert des Betriebsvermögens oder des Anteils ermitteln Sie für den Zeitpunkt der Veräußerung nach § 4 Abs. 1 oder nach § 5 EStG (§ 16 Abs. 2 EStG).

Als Veräußerungskosten können hierbei gemäß Abschnitt 139 Abs. 13 EStR nur solche Aufwendungen geltend machen, die in unmittelbarer sachlicher Beziehung zu dem Veräußerungsgeschäft stehen, dazu gehören:

● Notariatskosten
● Maklerprovisionen
● Verkehrssteuern (Umsatz-, Grunderwerbs-, Gesellschaftssteuer)

In Abschnitt 197 Abs. 4 EStRichtlinien wird hierzu noch darauf hingewiesen, daß tarifbegünstigte Veräußerungsgewinne grundsätzlich nur vorliegen, wenn die stillen Reserven in einem einheitlichen wirtschaftlichen Vorgang aufgedeckt werden. Der ermäßigte Steuersatz kommt dagegen nicht zum Zuge, wenn Sie auf den Veräußerungsgewinn ganz oder teilweise die Regelungen nach § 6 b oder 6 c EStG anwenden (Gewinn aus der Veräußerung von einzelnen Vermögensgegenständen).

Der Veräußerungsgewinn gemäß § 16 Abs. 4, S. 1 EStG wird nur zur Einkommensteuer herangezogen, wenn er bei der Veräußerung des ganzen Gewerbebetriebs 30.000 DM und bei der

Veräußerung eines Teilbetriebs oder eines Anteils am Betriebsvermögen den entsprechenden Teil von 30.000 DM übersteigt.
   Dieser Freibetrag ermäßigt sich um den Betrag, um den der
Veräußerungsgewinn bei der Veräußerung des ganzen Gewerbebetriebs 100.000 DM und bei der Veräußerung eines Teilbetriebs
oder eines Anteils am Betriebsvermögen den entsprechenden Teil
von 100.000 DM übersteigt.

Beispiel:

Veräußerungspreis	2.480.000 DM
Veräußerungskosten	− 80.000 DM
Zwischensumme	2.400.000 DM
Wert des Betriebsvermögens im Zeitpunkt der Veräußerung	2.290.000 DM
Veräußerungsgewinn	**110.000 DM**
Freibetrag gem. § 16 Abs. 4 EStG	− 30.000 DM
Kürzung des Freibetrags um den über 100.000 DM hinausgehenden Betrag des Veräußerungsgewinns (10.000 DM)	20.000 DM
steuerpflichtiger Veräußerungsgewinn	**90.000 DM**

   Der Freibetrag von 30.000 DM erhöht sich auf 120.000 DM
und der Betrag von 100.000 DM erhöht sich auf 300.000 DM,
wenn der Veräußerer nach Vollendung seines 55. Lebensjahres
oder wegen dauernder Berufsunfähigkeit seinen Gewerbebetrieb
veräußert oder aufgibt (§ 16 Abs. 4, S. 3 EStG).

   Beachten Sie bitte folgende Fakten in bezug auf § 16 EStG:

● Für diese Veräußerungsgewinne wird höchstens der halbe
  Steuersatz vom Höchstsatz von 56 Prozent, sprich 28 Prozent,
  angesetzt.
● Diese Veräußerungsgewinne müssen in dem Jahr versteuert
  werden, in dem das Unternehmen übertragen wird.
● Veräußerungsverluste kann der Verkäufer voll von den ver-
  steuerten Einkünften absetzen.

● Veräußerungsgewinne unterliegen nicht der Gewerbesteuer.

In § 17 geht es um die Veräußerung von Anteilen an Kapitalgesellschaften. Anteile an einer Kapitalgesellschaft sind zum Beispiel laut § 17 Abs. 3 EStG: Aktien, Anteile an einer GmbH, Genußscheine etc.

Wesentlich ist, ob sich die zu veräußernde Beteiligung steuerlich im Privat- oder Betriebsvermögen befunden hat. Denn Gewinne aus der Veräußerung von Vermögen werden, wie schon angesprochen, grundsätzlich nur insoweit vom EStG erfaßt, als es sich um eine Veräußerung von Betriebsvermögen handelt. Ist der zu kaufende Anteil dem Betriebsvermögen zuzuordnen, so führt diese Anteilsveräußerung beim Verkäufer zu Gewinnen gemäß § 15 bzw. § 13 oder § 18 EStG, die voll steuerpflichtig sind.

Wird beispielsweise bei einer Ein-Mann-GmbH die Beteiligung zusammen mit dem ganzen Betrieb verkauft, so gelten die Vorschriften über die Veräußerung der Aktiva und Passiva eines Gewerbebetriebs (s. oben).

Verkaufen alle Gesellschafter einer Kapitalgesellschaft ihre Anteile gleichzeitig, ist in jedem Fall nur der halbe Steuersatz in Ansatz zu bringen.

Dieser Vorgang unterliegt hingegen auch der Gewerbesteuer, es sei denn, daß der Gewerbebetrieb mit dem Verkauf eingestellt wird.

Wie sieht nun die Besteuerung aus, wenn die zu verkaufenden Anteile aus dem Privatvermögen des Veräußerers stammen (z. B. als Kommanditist einer KG)?

Hat der Veräußerer die Anteile länger als sechs Monate gehalten (Spekulationsfrist), dann ist sein Veräußerungsgewinn nach § 17 Abs. 1 EStG nur steuerpflichtig, wenn es sich

(1) um eine wesentliche Beteiligung (mehr als 25 Prozent) innerhalb der letzten fünf Jahre handelte und wenn
(2) die Höhe der innerhalb eines Jahres verkauften Anteile ein Prozent des Kapitals der Gesellschaft übersteigt.

Auf Antrag wird dem Verkäufer gem. § 34 Abs. 2 Nr. 1 EStG für diesen Veräußerungstatbestand der halbe Steuersatz gewährt.

Dies bedeutet für den Fall, daß bei dem Verkäufer keine wesentliche Beteiligung vorliegt, die Anteile aber mindestens sechs

Monate von ihm gehalten wurden, daß sein Veräußerungsgewinn nicht einkommensteuerpflichtig ist. Werden dagegen die Anteile innerhalb der Spekulationsfrist veräußert, so entsteht ein steuerpflichtiger Spekulationsgewinn.

Verluste bei der Veräußerung von nicht wesentlichen Anteilen darf der Veräußerer dagegen steuerlich nicht absetzen. Bei dieser eben genannten Veräußerungsart nach § 17 EStG werden die Anschaffungskosten der Anteile als Wert angesetzt.

Wie schon § 16 EStG räumt auch § 17 EStG dem Veräußerer einen Freibetrag auf den Verkauf seiner Anteile ein: Beim Verkauf aller Anteile besteht bei Veräußerungsgewinnen bis zu 80.000 DM ein Freibetrag bis zu höchstens 20.000 DM.

Ist der Veräußerungsgewinn höher, dann ermäßigt sich der Freibetrag um den Betrag, um den der Veräußerungsgewinn 80.000 DM übersteigt.

Bei Veräußerungsgewinnen ab 100.000 DM kann demnach kein Freibetrag mehr beansprucht werden.

Steuerfrei bleiben jedoch Verkäufe von nicht mehr als einem Prozent der gesamten Anteile jährlich.

Leider beschert uns die Steuerreform, auch was die Versteuerung von Veräußerungsgewinnen anbelangt, einige Nachteile. Nach geltendem Recht werden außerordentliche Einkünfte (insbesondere Veräußerungsgewinne) unbegrenzt mit der Hälfte des durchschnittlichen Steuersatzes belastet.

Ab 1990 soll diese Steuerermäßigung, die zum Beispiel bei Betriebsveräußerung oder Betriebsaufgabe gilt, dahingehend geändert werden, daß Veräußerungsgewinne über 30 Millionen DM ab 1. 1. 1990 voll besteuert werden.

IX. Welche Finanzierungs- und Fördermöglichkeiten haben Sie?

„Wenn die Produktion der Vater des Erfolges ist, dann ist die Finanzierung dessen Mutter", soll ein namhafter Wirtschaftswissenschaftler einmal gesagt haben.

Ganz sicher ist, daß Sie lange, bevor Sie konkrete Schritte hinsichtlich Ihres Kaufwunsches einleiten, sich über Ihre finanziellen Möglichkeiten im Klaren sein sollten. Zwei Kriterien sind von entscheidender Bedeutung:

- Kapitalvolumen und
- Herkunft der Mittel.

Bei der Bestimmung des Volumens bemessen Sie Ihre individuelle Belastungsgrenze, damit Sie sich mit Ihrem Projekt nicht übernehmen. Natürlich ist die verkraftbare Belastung stark abhängig von dem voraussichtlichen Gewinn des Kaufobjekts.

Finanzierungsmöglichkeiten

Die zweite Überlegung bezieht sich darauf, wer nun eigentlich diese finanziellen Mittel zur Verfügung stellen kann. Eine der Möglichkeiten ist die Beanspruchung öffentlicher Mittel.

Die solideste Möglichkeit der Finanzierung ist natürlich, wenn Sie den Kaufpreis aus Eigenmitteln selbst aufbringen können und das Geld in irgendeiner Form, sei es bar oder in Wertpapieren oder in anderer Weise zur Verfügung haben. Dies wird allerdings in den wenigsten Fällen möglich sein, und man muß sich über andere Finanzierungsmöglichkeiten Gedanken machen.

Oft einigen sich Käufer und Verkäufer darauf, daß der Kaufpreis nicht sofort, das heißt bei der Übernahme, voll bezahlt wird, sondern daß zunächst nur ein Teil und der Rest beispielsweise in monatlichen Raten „abgestottert" werden soll. Ein Beispiel für eine solche Finanzierung finden Sie im Kapitel X. In dem dort vorgestellten Muster-Kaufvertrag wurde eine solche Lösung gewählt.

In eine ähnliche Richtung geht die „Verrentung" des Kaufpreises. In diesem Falle bezahlen Sie als Käufer dem Verkäufer eine zeitlich begrenzte oder auch lebenslange Rente, die sich auf der Basis des ermittelten bzw. ausgehandelten Verkaufspreises errechnet. Bei größeren Vorhaben sind zunehmend auch Kapitalbeteiligungsgesellschaften involviert. Wie eine solche Finanzierung dann aussehen kann, sehen Sie im Kapitel XIII, im zweiten und dritten dort aufgeführten Beispiel.

Nicht vergessen werden darf hier natürlich die „normale" Bankfinanzierung, bei der die betroffenen Kreditinstitute Kredite mit dem Vorhaben angepaßten Laufzeiten zur Verfügung stellen.

Die Besicherung von Finanzierungen zum Kauf eines Unternehmens oder einer Beteiligung stellt oft erhebliche Probleme dar. Wenn Sie ein kleineres Objekt kaufen möchten, so reichen vielleicht Sicherheiten aus der gekauften Firma in Verbindung mit einer Kreditgarantie, die im Zuge der Vergabe von öffentlichen Mitteln gegeben werden. Die Sicherheiten, die in der gekauften Firma stecken, sind meist Maschinen und Anlagen, die sicherungsübereignet werden können, sowie eventuell eine Immobilie, auf die eine Grundschuld eingetragen werden kann. Darüber hinaus besteht die Möglichkeit, die Forderungen, die Sie gegen Ihre „dazugekauften" Kunden haben, an die Bank abzutreten. Hierbei spricht man von einer sogenannten Zession. Aber Vorsicht! Geben Sie nicht mehr Sicherheiten, als Sie absolut müssen. Die Frage, welches Risiko eine Bank mitzutragen bereit ist, muß ein ganz wesentliches Auswahlkriterium bei der Auswahl „Ihrer" Hausbank sein.

Wenn Sie mit dem Käufer eine Regelung wie in dem in Kapitel X beschriebenen Kaufvertrag vereinbart haben (Abschlagszahlung bei der Übernahme, Rest in monatlichen Raten), so wird der Verkäufer Wert darauf legen, daß er diese Abschlagszahlung sofort in bar erhält und den Rest von Ihnen in irgendeiner Form abgesichert bekommt.

Egal, wie und mit wem Sie finanzieren: Es ist immer eine Frage der Verhandlungsposition und des Verhandlungsgeschicks, welches Risiko bzw. welchen Anteil der Finanzierung der Finanzier ohne Sicherheit zu übernehmen bereit ist.

Fördermöglichkeiten

Mit Fördermöglichkeiten sind die Finanzierungshilfen des Bundes, der Länder sowie gegebenenfalls der Kommunen an die gewerbliche Wirtschaft gemeint. An dieser Stelle einen Überblick zu geben, welche Möglichkeiten hier im einzelnen bestehen, ist unmöglich. Einen guten Überblick über die gängigen Programme gibt Ihnen zum Beispiel der „Erfolgsberater", das Handbuch für Unternehmensaufbau, erschienen im Verlag Norman Rentrop, Bonn.

Generell kann man zwischen Beratungshilfen und Finanzierungshilfen unterscheiden. Beides kann jedoch in größerem Umfang nur genutzt werden, wenn Ihr Firmen- oder Beteiligungskauf gleichzeitig Ihr Weg in die Selbständigkeit ist.

Beratungshilfen können in Form von finanziellen Zuschüssen gewährt werden, wenn Sie sich bei der Übernahme eines bestehenden Unternehmens oder einer Beteiligung beraten lassen wollen. Wenn Sie sich näher informieren möchten, wenden Sie sich an Ihre Industrie- und Handelskammer, das Rationalisierungskuratorium der Deutschen Wirtschaft e. V. oder auch direkt an einen Unternehmensberater.

Im Bereich der Finanzierungshilfen ist das Kriterium „Förderungswürdigkeit" maßgeblich. Dies können zum Beispiel strukturschwache Gebiete, strukturschwache Branchen oder bestimmte Personengruppen sein. Seit Jahren generell gefördert werden Personen, die sich beispielsweise durch einen Firmenkauf selbständig machen. Eine Voraussetzung gilt für alle Programme zur Finanzierung von Übernahmen gleichermaßen: Der Antragsteller muß führend tätig und angemessen an Gewinn und Verlust beteiligt sein. Dies ist in der Regel dann gegeben, wenn er beispielsweise bei der Übernahme einer GmbH-Beteiligung Geschäftsführer wird und nicht weniger Stimmanteile hat, als der/die Gesellschafter mit dem größten Anteil.

Viele Firmenübernahmen, Gründungen oder Beteiligungen werden über drei Förderprogramme abgewickelt. Dabei handelt es sich um zwei Programme des Bundes und ein Landesprogramm, wobei hier beispielhaft Baden-Württemberg gewählt wurde. Diese drei Programme sollen im einzelnen kurz dargestellt werden. Sollten Sie an weiteren Programmrichtlinien interessiert sein, so verweisen wir auf die einschlägige Literatur und auf den Fördermittelspezialisten bei Ihrer Hausbank.

Generell gilt aber: Die Anträge auf Förderung müssen gestellt sein, bevor mit dem Vorhaben begonnen wird, sprich, bevor die Firma gekauft ist!

Eigenkapitalhilfeprogramm des Bundes

Anspruchsberechtigte:
Personen, die nicht älter als 50 Jahre sein sollten, mit entsprechender fachlicher und kaufmännischer Qualifikation. Auch Angehörige freier Berufe mit Ausnahme der Humanmediziner und Apotheker.

Art und Höhe der Förderung:
Eigenkapitalhilfe wird bis zu maximal 25 Prozent der gesamten Investitionssumme gewährt und hat Eigenkapitalcharakter – es müssen hierfür keine Sicherheiten gestellt werden. Der Höchstbetrag beträgt 300.000 DM. Voraussetzung hierfür ist, daß der Antragsteller selbst mindestens 15 Prozent Eigenkapital hat.

Konditionen:
Die Auszahlung beträgt 100 Prozent, die Laufzeit 20 Jahre, wobei die Eigenkapitalhilfe bis zur Vollendung des 70. Lebensjahres zurückgezahlt sein muß. Getilgt wird nach 10 freien Jahren in weiteren 10 Jahren. Der Zinssatz liegt etwas unter dem am Kapitalmarkt üblichen.

ERP-Existenzgründungsdarlehen

Anspruchsberechtigte:
Nachwuchskräfte der gewerblichen Wirtschaft. Gefördert werden Gründungen, Übernahmen und tätige Beteiligungen.

Art und Höhe der Förderung:
Der Finanzierungsanteil beträgt in der Regel 30 Prozent der gesamten Investitionssumme, höchstens jedoch 300.000 DM je Antragsteller.

Konditionen:
Die Auszahlung beträgt 100 Prozent. Laufzeit 10 Jahre, bis 15 Jahre bei Bauvorhaben. Davon können zwei Jahre tilgungsfrei sein. Der Zinssatz ist jeweils fest. Auf die Mittel besteht kein Rechtsanspruch. Sie sind banküblich abzusichern, zum Beispiel durch Bürgschaften. Die Anträge gehen über die Hausbank an die Deutsche Ausgleichsbank in Bonn.

Existenzgründungsprogramm der Landeskreditbank Baden-Württemberg als Länderbeispiel

Anspruchsberechtigte:
Fachlich qualifizierte Personen bis zur Vollendung des 50. Lebensjahrs. Gefördert wird nur die erste Existenzgründung.

Art und Höhe der Förderung:
In der Regel werden bis zu 33 Prozent der gesamten Investitionssumme einschließlich Warenlager und Betriebsmittel gefördert. Der Höchstbetrag beträgt 300.000 DM.

Konditionen:
Die Laufzeit beträgt beim Erwerb von Grundstücken und baulichen Investitionen bis zu 20 Jahre, für sonstige Investitionen bis zu zwölf Jahre, wobei jeweils ein bis vier tilgungsfreie Jahre möglich sind. Die Anträge werden über die Hausbank bei der Landeskreditbank Baden-Württemberg gestellt.

Wie bereits ausgeführt, sollten Sie Ihre finanzielle Lage zumindest im Groben abgeklärt haben, bevor Sie nach einem Kaufobjekt Ausschau halten. Wenn Sie dann ein Objekt gefunden haben und es finanzieren müssen, gilt es, Ihren Kapitalbedarf zu planen. Wonach bemißt sich Ihr Kapitalbedarf?

1. Nach der Höhe des Kaufpreises.
2. Nach den erforderlichen Ersatz- und Folgeinvestitionen (zum Beispiel Erneuerung einer Produktionsanlage, Aufstockung des Warenlagers o. ä.)
   Einen guten Überblick erhalten Sie dadurch, daß Sie sich einen Investitionsplan zusammenstellen.

Folgendes Beispiel zeigt dies:

Investitionsplan

● Kaufpreis für die Firma incl.	
– Warenlager	
– Büroausstattung	
– Produktionsanlagen	390.000 DM
● Ersatz- und Folgekosten	
– Aufstockung Warenlager	20.000 DM
– Ergänzung Büroausstattung (PC)	15.000 DM
– Kauf PKW	30.000 DM
Investitionsvolumen gesamt	**445.000 DM**

Nun haben Sie einen Überblick über Ihre Investitionen und deren Höhe.

Das Gegenstück zum Investitionsplan ist der Finanzierungsplan. Dieser gibt an, woher Sie die Mittel bekommen, um die oben bezeichneten Investitionen tätigen zu können. Dabei sollten Sie die Kriterien

● Höhe des Betrages

● Fristigkeit des Betrages

im Auge behalten. Das heißt, Sie sollten eine langfristige Investition auch langfristig finanzieren. Auf keinen Fall sollten Sie zum Beispiel Investitionen in Grundstücke und Gebäude durch einen kurzfristen Kontokorrentkredit finanzieren, es sei denn, Sie erwarten in Kürze einen Zinsrückgang und finanzieren dann langfristig.

Das folgende Beispiel zeigt einen möglichen Finanzierungsplan bezüglich des oben abgebildeten Investitionsplanes:

Landeskreditbank Programm 1	135.000 DM
ERP-Darlehen	135.000 DM
Eigenkapitalhilfe des Bundes	114.000 DM
Eigenmittel	71.000 DM
Finanzierungsmittel gesamt	**455.000 DM**

Neben einem solchen Finanzierungsplan sollten Sie sich von Ihrer Bank oder einem Berater einen Kapitaldienstplan zusammenstellen lassen. Er sagt aus, wann und an wen Sie welchen Zins und welchen Tilgungsbetrag zu leisten haben, und zwar für die gesamte Laufzeit der Kredite.

Die Ausführungen in diesem Kapitel beziehen sich ausschließlich auf die klassischen Formen der Finanzierung über Kreditinstitute oder über öffentliche Mittel. Alternative Möglichkeiten zur Finanzierung eines Unternehmenskaufs finden Sie in Kapitel XIII.

An dieser Stelle sei kurz auf das Procedere und die notwendigen Unterlagen zur Beantragung von öffentlichen Mitteln hingewiesen. Folgende Unterlagen sind vom Antragsteller einzureichen:

● Antragsvordrucke (von Ihrer Hausbank)
● beruflicher Werdegang und Lebenslauf
● Gründungs- bzw. Übernahmekonzept
● Rentabilitätsrechnungen
● fachliche Stellungnahme bei Antrag auf Eigenkapitalhilfe zum Beispiel über RKW oder IHK
● gegebenenfalls Jahresabschlüsse oder Übernahmebilanzen

Diese Unterlagen werden dann bei der Hausbank eingereicht. Die Hausbank ergänzt diese Unterlagen des Antragstellers durch

● eine Stellungnahme
● gegebenenfalls einen Besicherungsvorschlag
● oder leitet sie an ihr Zentralinstitut weiter.

Von dort aus gehen die Unterlagen dann an die zuständigen Institute.

Nochmals: Wichtig ist, daß die Anträge auf öffentliche Förderung immer vor dem Kauf des Unternehmens oder der Beteiligung gestellt werden!

Die folgenden Beispiele sollen Ihnen die Förder- und Finanzierungsmöglichkeiten verdeutlichen:

Erstes Beispiel:

Vorhaben:
Kauf eines Maschinenbauunternehmens

Rechtsform:
Das Unternehmen wurde in Form einer GmbH betrieben. Der Vertrag liegt dem Antrag bei. Die geplanten Beteiligungsverhältnisse sind bei Herrn X 60 Prozent, bei Herrn Y 40 Prozent.

Persönliche Verhältnisse:
Herr X ist Diplom-Wirtschaftsingenieur, 45 Jahre alt, verheiratet, zwei Kinder. Er hat langjährige Berufserfahrung im Maschinenbausektor. Zuletzt war er als angestellter Geschäftsführer für den technischen Bereich eines mittelständischen Maschinenbauunternehmens zuständig.

Herr Y ist Bankkaufmann, 39 Jahre alt, ledig. Er war in verschiedenen Unternehmen des produzierenden Gewerbes tätig. Zuletzt war er leitender Angestellter im kaufmännischen Bereich eines Apparatebauunternehmens.

Vermögensverhältnisse:
Herr X verfügt über
● 20.000 DM Sparguthaben
● 150.000 DM Wertpapiervermögen
● 250.000 DM aus dem Verkauf einer Eigentumswohnung

Herr Y verfügt über
● 40.000 DM Sparguthaben
● 140.000 DM Vermögen aus einer Erbschaft

84

Situation:
Der bisherige Firmeninhaber gibt das Unternehmen aus Alters-
und Gesundheitsgründen ab. Das Unternehmen ist am Markt gut
eingeführt. Es verfügt über einen guten Kundenstamm, die Auf-
tragslage ist zufriedenstellend. Der bauliche Zustand der Gebäude
und die maschinelle Ausstattung des Unternehmens sind in tadel-
losem Zustand. Die Umsatz- und Ertragsentwicklung zeigt steigende Tendenz. Die Übernahme des Unternehmens kann beiden
Existenzgründern eine tragfähige Vollexistenz sichern. Das Gutachten eines Beraters kommt ebenfalls zu einem positiven Ergebnis. Er hält den Übernahmepreis von 3.000.000 DM für gerechtfertigt.

Personenbezogene Investitions- und Finanzierungspläne:
Herr X   **Herr Y**

Investitionen	TDM	Investitionen	TDM
Kaufpreis laut Vertrag		Laufpreis laut Vertrag	
60% von 3 Mio. DM	1.800	40% von 3 Mio. DM	1.200
Investitionsvolumen	1.800	Investitionsvolumen	1.200
Finanzierung		Finanzierung	
Eigenmittel	420	Eigenmittel	180
Eigenkapitalhilfe	300	Eigenkapitalhilfe	300
Wirtschaftl. Eigenkapital	720	Wirtschaftl. Eigenkapital	480
ERP-Darlehen	300	ERP-Darlehen	300
Ergänzungsprogramm I	300	Ergänzungsprogramm	300
LKB (Baden-Württemberg)		LKB (Baden-Württemberg)	
Existenz-		Existenz-	
gründungsprogramm	300	gründungsprogramm	300
Finanzierungsvolumen	**1.800**	**Finanzierungsvolumen**	**1.200**

Ergebnisse:

● Die Voraussetzung für die Gewährung der öffentlichen Mittel,
  also der Existenzgründungsdarlehen und der Eigenkapitalhilfe
  sind erfüllt. Es wurden zum Teil die Förderhöchstbeträge in

Anspruch genommen. Außerdem hat sich die Hausbank mit 180.000 DM an der Finanzierung beteiligt.

● Die Sicherheiten haben zur Abdeckung des gesamten Finanzierungsbedarfes nicht ausgereicht. Der unbesicherte Teil des Finanzierungsvolumen soll über eine Kreditgarantiegemeinschaft abgedeckt werden.

Zweites Beispiel:

Vorhaben:
Übernahme der Spedition vom Vater.

Rechtsform:
Das Unternehmen wurde vom Vater als Einzelunternehmen geführt.

Persönliche Verhältnisse:
Der Sohn ist selbst gelernter Speditionskaufmann, 31 Jahre alt, verheiratet. Er verfügt über fundierte Branchenkenntnisse und hat die letzten Jahre in leitender Funktion in einem großen Speditionsunternehmen gearbeitet.

Vermögensverhältnisse:
● 50.000 DM Sparguthaben
● 100.000 DM Wertpapiervermögen
● 280.000 DM unbelasteter Haus- und Grundbesitz

Situation:
Das Unternehmen wird vom Vater aus Altersgründen aufgegeben. Der Sohn übernimmt es mit allen Passiva und Aktiva. Die aktiven Vermögensgegenstände stehen mit 500.000 DM zu Buche. Grundstück, Gebäude und Büroausstattung sind in gutem Zustand. Im Bereich des Fuhrparks stehen Investitionen an. Die gesamten betriebsnotwendigen Modernisierungen und Investitionen belaufen sich laut Gutachten eines Betriebsberaters auf ca. 500.000 DM. Diese sind Voraussetzung für eine positive Unternehmensentwicklung. Die guten beruflichen Kontakte des neuen Firmeninhabers lassen eine gute Auslastung erwarten. Die Ausgangslage wird für den jungen Unternehmer insgesamt als positiv beurteilt und wird mit hoher Wahrscheinlichkeit eine tragfähige Vollexistenz erbringen.

86

Investitions- und Finanzierungsplan:

Investitionen	
– Anlagevermögen laut Übernahmebilanz	500.000 DM
– Neuinvestitionen	500.000 DM
Gesamtinvestitionen	1.000.000 DM
Finanzierung	
– Eigenkapital	150.000 DM
– Eigenkapitalhilfe	250.000 DM
Eigenkapital insgesamt	400.000 DM
– ERP-Darlehen	150.000 DM
– ERP-Darlehen Baden-Württemberg	250.000 DM
– Bestehende Bankverbind-lichkeiten	200.000 DM
Finanzierungsvolumen gesamt	**1.000.000 DM**

Ergebnisse:

● Das Sicherheitsvolumen reicht zur Abdeckung des gesamten Kreditrisikos nicht aus. Es wurde eine Bürgschaft bei der Bürgschaftsbank Baden-Württemberg beantragt.

Drittes Beispiel:

Vorhaben:
Erwerb einer tätigen Beteiligung an einem Produktionsunternehmen für Computerelektronik.

Rechtsform:
Das Unternehmen wird in der Form einer GmbH betrieben.

Persönliche Verhältnisse:
Herr X ist Informatiker, 38 Jahre alt, verheiratet, zwei Kinder. Er hat mehrjährige Berufserfahrung im Bereich technologieorientierter Unternehmen.

87

Vermögensverhältnisse:
- ● 40.000 DM Bundesanleihen
- ● 300.000 DM Verkehrswert der Eigentumswohnung, die allerdings beliehen ist.

Situation:
Die Übernahme der tätigen Beteiligung ist für den Antragsteller die erste Existenzgründung. Er tritt als Geschäftsführender Gesellschafter in die GmbH ein. Er übernimmt 50% der Gesellschaft von einem mit ihm nicht verwandten Dritten. Der Rest der Gesellschaft ist im Familieneigentum. Ein betriebswirtschaftliches Gutachten über die Firma bescheinigt eine positive Finanz-und Ertragslage. Der Wert der gesamten Firma wird mit 400.000 DM angesetzt, so daß für eine 50prozentige Beteiligung der Kaufpreis in Höhe von 200.000 DM angemessen erscheint. Die Firma ist am Markt etabliert und verspricht eine tragfähige Vollexistenz.

Kaufpreis für die Anteile laut Vertrag	**200.000 DM**
Finanzierungsplan:	
– Eigenkapital	40.000 DM
– Eigenkapitalhilfe	40.000 DM
Gesamtes wirtschaftliches Eigenkapital	80.000 DM
– ERP-Existenzgründungsdarlehen	60.000 DM
– LKB-Existenzgründungsdarlehen	60.000 DM
Finanzierungsvolumen gesamt	**200.000 DM**

X. Was in den Kaufvertrag gehört

In diesem Kapitel erfahren Sie, welche Punkte in einen Unternehmenskaufvertrag gehören und welche rechtlichen Grundlagen es dafür gibt. Der später gezeigte Vertrag ist ein Fall aus der Praxis. Am Ende finden Sie dazu einige kritische Anmerkungen.

Vorvertragliche Vereinbarungen schriftlich fixieren

Bevor allerdings ein „richtiger" Kaufvertrag geschlossen wird, schließen der Kaufinteressent und der Verkäufer manchmal Vorverträge oder dokumentieren Absichtserklärungen, sogenannte „letter of intents".

Dies kann durchaus seine Berechtigung haben: Bei Verhandlungen über einen Unternehmens- oder Beteiligungskauf wird von beiden Seiten viel Zeit investiert und es werden oftmals Aufwendungen mit Blick auf den künftigen Vertragsabschluß getätigt und auch Geschäftsgeheimnisse offengelegt. Gerade wenn letzteres der Fall ist und die Verhandlungen nun scheitern, stellt sich die Frage nach den Beziehungen der Verhandlungspartner zueinander. Wenn durch das Verschulden des einen Verhandlungspartners dem anderen ein Schaden entstanden ist, haftet der „schuldige" Verhandlungspartner. Dies kann der Fall sein, wenn zum Beispiel ein offenbartes Geschäftsgeheimnis vom Käufer an einen Dritten weitergegeben wird. Insbesondere der Vertrauensschaden, den ein Verhandlungspartner eventuell erlitten hat, weil er sich aufgrund der geführten Gespräche auf ein Zustandekommen des Kaufvertrages verlassen durfte, muß ersetzt werden. Beispielsweise Reisekosten zu Verhandlungstreffpunkten oder damit verbundene Personalkosten.

Ein sogenannter „letter of intent", zu deutsch „Absichtserklärung", wird manchmal tatsächlich ausschließlich als reine Absichtserklärung zur Unterstreichung des Interesses geschrieben. Wenn inhaltlich aber ein konkretes Angebot mit verschiedenen Bedingungen unterbreitet und dieses vom anderen Teil akzeptiert wurde, so führt das bereits zum Abschluß eines Vertrages, bevor formal ein „richtiger" Kaufvertrag geschlossen wird.

Ein Beispiel für einen „letter of intent", der kein bindender Kaufvertrag ist, finden Sie auf S. 91.

Nun aber zum richtigen Kaufvertrag.

Kaufvertrag

Für den Verkauf eines Unternehmens gilt das Kaufvertragsrecht (§§ 433–479 BGB sowie § 419 BGB und §§ 22, 23, 25 und 26 HGB).

Die Grundpflichten des Verkäufers und des Käufers sind im § 433 Abs. 1 und 2 BGB geregelt. Hier heißt es:

Abs. 1
„Durch den Kaufvertrag wird der Verkäufer einer Sache verpflichtet, dem Käufer die Sache zu übergeben und das Eigentum an der Sache zu verschaffen. Der Verkäufer eines Rechtes ist verpflichtet, dem Käufer das Recht zu verschaffen und, wenn das Recht zum Besitz einer Sache berechtigt, die Sache zu übergeben."

Abs. 2
„Der Käufer ist verpflichtet, dem Verkäufer den vereinbarten Kaufpreis zu zahlen und die gekaufte Sache abzunehmen".

Jeder Unternehmenskauf hat also zwei Aspekte. Der eine ist der schuldrechtliche Kaufvertrag, aus dem für Sie als Käufer und für den Verkäufer Ansprüche und Verpflichtungen entstehen. Der zweite Aspekt ist der sogenannte „dingliche Erfüllungsakt", das heißt, die Übertragung des Eigentums an den einzelnen Vermögensgegenständen wie Grundstücken, Geschäftseinrichtung, Maschinen, Waren, Warenzeichen, Firmenwert etc. (§§ 929 ff BGB).

Muster – „letter of intent"

Firma
Gerd Hobelspan
Gunhuldstr. 14
7000 Stuttgart 1

Absichtserklärung über den Kauf Ihres Unternehmens

Sehr geehrter Herr Hobelspan,

vielen Dank für die Zurverfügungstellung Ihrer Dokumente, auf denen Ihr Verkaufsangebot vom 10. 01. 1989 basiert. Die dort genannten Preise erscheinen uns recht hoch und müssen noch diskutiert werden.
Wir erklären hiermit aufgrund der genannten Unterlagen und der am 23. 12. 1988 geführten Gespräche unsere Absicht, Ihr gesamtes Unternehmen zu kaufen, nachdem die nachstehenden Voraussetzungen erfüllt bzw. geklärt sind:

- Verkauft werden soll das betriebsnotwendige Vermögen einschließlich aller gewerblichen Schutzrechte mit dem zugehörigen Know-how. Eine Übernahme der Forderungen und Verbindlichkeiten ist nicht beabsichtigt.
- Der Abschluß des Kaufvertrages ist davon abhängig, daß alle Geschäfts- und Buchhaltungsunterlagen den Tatsachen entsprechen und ein von uns zu beauftragender unabhängiger Berater dies bestätigt und eine neutrale Bewertung vornimmt. Die Kosten hierfür tragen wir, wie besprochen, je zur Hälfte.
- Wenn während unserer Vertragsverhandlungen im Bereich der betroffenen Branche eine Verschlechterung eintritt, können wir diese Absichtserklärung jederzeit bis zum 01. 04. 1989 zurückziehen, wobei alle Rechte Ihrerseits oder Verpflichtungen unsererseits als nicht mehr gegeben zu betrachten sind.
  Allerdings verpflichten sich beide Seiten auch nach diesem Zeitpunkt, über alle Verhandlungen und zugänglich gewordenen Informationen Stillschweigen zu bewahren und evtl. erhaltene Geschäftsunterlagen zurückzugeben.

Dieser „letter of intent" ist bis zum 01. 04. 1990 gültig. Sofern Sie mit seinem Inhalt konform gehen können, bitten wir Sie, dessen Inhalt kurz zu bestätigen bzw. unterschrieben an uns zurückzusenden.

Mit freundlichem Gruß

Der Verkäufer kann sein Unternehmen mit allen Aktiva und Passiva, das heißt mit allen Vermögensgegenständen sowie Forderungen und Verbindlichkeiten in einem Zug verkaufen. Die Übertragung der einzelnen Vermögenspositionen muß aber nach den hierfür geltenden gesetzlichen Bestimmungen erfolgen: So erfolgt die Eigentumsübertragung an Grundstücken durch Auflassung und Eintragung im Grundbuch (§ 925 BGB), die Eigentumsübertragung an beweglichem Anlagevermögen und zum Beispiel an Ware durch Einigung und Übergabe (§§ 929 ff. BGB) und die Übertragung von Außenständen sowie zum Beispiel Warenzeichen und Patentrechten durch Abtretungserklärung (§§ 398 ff. BGB).

Für den Verkauf eines Unternehmens ist keine besondere Form vorgeschrieben. Wir empfehlen aber grundsätzlich, solche Verträge schriftlich zu fixieren, damit die Vertragspartner im Falle späterer Meinungsverschiedenheiten über einzelne vereinbarte Punkte eine beweisfähige Urkunde in Händen halten. Wird das Eigentum an einem Grundstück mitübertragen oder ein Vorkaufs- oder Ankaufsrecht an einem Grundstück eingeräumt, so gilt § 313 BGB und der ganze Kaufvertrag muß auf jeden Fall notariell beurkundet werden.

Auch wenn beispielsweise GmbH-Anteile veräußert werden, ist eine notarielle Beurkundung erforderlich.

Haftungsfragen

Bevor wir uns einen kompletten Kaufvertrag mit seinen wesentlichen Bestandteilen ansehen, sollten Sie sich einem wichtigen punkt, den Haftungsfragen, zuwenden. Diese Fragen sind bei jedem Firmen- oder Beteiligungskauf vor Vertragsabschluß zu bedenken.

Große Bedeutung beim Kauf eines Unternehmens oder einer Beteiligung haben die Haftungsrisiken. Um Ihnen einen Überblick zu verschaffen, müssen wir uns verschiedener gesetzlicher Vorschriften bedienen und diese bzw. die Rechtsprechung dazu interpretieren. In der Praxis geht es auch hier wieder meist nicht ohne Fachmann, also nicht ohne Anwalt oder Notar. Aber der ist sowieso fast immer mit von der Partie, spätestens wenn der Kaufvertrag geschlossen wird.

Haftung für Verbindlichkeiten nach § 25 HGB (Handelsgesetzbuch)

Bevor wir uns mit der praktischen Bedeutung dieser Rechtsvorschrift für Ihr mögliches Kaufvorhaben befassen, wollen wir uns den Gesetzestext ansehen:

§ 25 Abs. 1
„Wer ein unter Lebenden erworbenes Handelsgeschäft unter der bisherigen Firma mit oder ohne Beifügung eines das Nachfolgeverhältnis andeutenden Zusatzes fortführt, haftet für alle im Betrieb des Geschäfts begründeten Verbindlichkeiten des früheren Inhabers. Die in dem Betriebe begründeten Forderungen gelten den Schuldnern gegenüber als auf den Erwerber übergegangen, falls der bisherige Inhaber oder seine Erben in die Fortführung der Firma gewilligt haben.“

Abs. 2
„Eine abweichende Vereinbarung ist einem Dritten gegenüber nur wirksam, wenn sie in das Handelsregister eingetragen und bekannt gemacht oder von dem Erwerber oder Veräußerer dem Dritten mitgeteilt worden ist.“

Abs. 3
„Wird die Firma nicht fortgeführt, so haftet der Erwerber des Handelsgeschäfts für die früheren Geschäftsverbindlichkeiten nur, wenn ein besonderer Verpflichtungsgrund vorliegt, insbesondere, wenn die Übernahme der Verbindlichkeiten in handelsüblicher Weise von dem Erwerber bekannt gemacht worden ist.“

Voraussetzung für die gesetzliche Haftung nach § 25 Abs. 1 Satz 1 HGB ist die Übernahme eines vollkaufmännischen Handelsgeschäfts. Dabei ist es unerheblich, ob dieses im Handelsregister eingetragen ist oder nicht.

Zu den Vollkaufleuten gehören die Kann-, Soll- und Formkaufleute sowie diejenigen Mußkaufleute, deren Gewerbebetrieb nach Umsatzhöhe und kaufmännischer Organisation über den Umfang eines Kleingewerbes hinausgeht. Ein in vollkaufmännischer Weise eingerichteter Geschäftsbetrieb zeichnet sich in aller Regel dadurch aus, daß eine doppelte Buchführung besteht sowie ein Jahresumsatz von mindestens 120.000 DM erzielt wird. Für Minderkaufleute gilt § 25 HGB nicht.

Die Haftung nach § 25 HGB greift auch beim Erwerb eines Teils eines Unternehmens, wie zum Beispiel bei einer selbständigen Zweigniederlassung. Eine Zweigniederlassung wird dann als selbständiges Handelsgeschäft angesehen, wenn sie im Geschäftsverkehr selbständig auftritt und eine eigene Buchführung und

Abrechnung hat. Darüber hinaus muß es bisher eine selbständige Geschäftsorganisation gegeben haben.

Wie in § 25 HGB Abs. 1 ausgeführt, müssen das Handelsgeschäft und die bisherige Firma fortgeführt werden, damit es zu einer Haftung kommen kann. Hierbei ist es unwesentlich, ob die bisherige Firma mit einem Nachfolgezusatz oder mit nur unwesentlichen Änderungen fortgeführt wird.

Der Erwerber haftet als Gesamtschuldner neben dem Veräußerer mit seinem gesamten Vermögen und nicht nur mit dem übernommenen Handelsgeschäft für die bestehenden Verbindlichkeiten. Der Veräußerer selbst haftet neben dem Erwerber für diese Verbindlichkeiten fünf Jahre lang (§ 26 HGB), wenn nicht die einzelnen Forderungen früher verjähren. Die Haftung erstreckt sich auf alle im Betrieb begründeten Verbindlichkeiten, unabhängig von ihrem Entstehungsgrund. Hierunter fallen z. B. auch Steuerschulden gemäß § 75 Abgabenordnung (AO).

Durch eine Vereinbarung mit dem Veräußerer und Eintragung in das Handelsregister oder durch eine formlose Mitteilung dieser Vereinbarung an einzelne Gläubiger kann die Haftung des Käufers ausgeschlossen werden.

Sie sollten diese Möglichkeit des Haftungsausschlusses auf jeden Fall nutzen, denn nicht alle Verbindlichkeiten sind ja beispielsweise bilanziert und Ihnen von vornherein bekannt.

Die Haftung nach § 25 HGB ergibt sich aber nicht, wenn ein im Konkurs- oder Vergleichsverfahren befindliches Unternehmen gekauft wird.

Haftung für Verbindlichkeiten nach § 419 BGB (Bürgerliches Gesetzbuch)

Der § 419 des Bürgerlichen Gesetzbuches sagt folgendes:

Abs. 1
„Übernimmt jemand durch Vertrag das Vermögen eines anderen, so können dessen Gläubiger, unbeschadet der Fortdauer der Haftung des bisherigen Schuldners, von dem Abschlusse des Vertrags an, ihre zu dieser Zeit bestehenden Ansprüche auch gegen den Übernehmer geltend machen.“

Abs. 2

„Die Haftung des Übernehmers beschränkt sich auf den Bestand des übernommenen Vermögens und die ihm aus dem Vertrage zustehenden Ansprüche. Beruft sich der Übernehmer auf die Beschränkung seiner Haftung, so finden die für die Haftung des Erben geltenden Vorschriften der §§ 1990, 1991 entsprechende Anwendung."

Abs. 3

„Die Haftung des Übernehmers kann nicht durch Vereinbarung zwischen ihm und dem bisherigen Schuldner ausgeschlossen oder beschränkt werden."

Vereinfacht ausgedrückt besagt § 419 BGB, daß der Verkäufer mit der Vermögensübernahme auch alle Schulden übernimmt, und daß diese Vorschrift nicht vertraglich ausschließbar ist. Auch ein einzelner Gegenstand kann nahezu die Gesamtheit des Vermögens darstellen. Es kommt also nicht unbedingt auf die Übertragung einer Sachgesamtheit an.

Der Gesetzgeber hatte also bereits am Ende des letzten Jahrhunderts, in dem das BGB entstand, den Grundgedanken, den Gläubigern das Vermögen des Schuldners als Zugriffsweg zu erhalten, wenn der Schuldner sein Vermögen auf Dritte überträgt.

Also Vorsicht: Wenn Sie beispielsweise ein Unternehmen kaufen wollen und der Verkäufer bietet Ihnen auch gleichzeitig seine Immobilie an (beispielsweise Firma und Wohnung des Unternehmers im gleichen Gebäude), dann kann es sich hier um das gesamte Vermögen des Verkäufers handeln. Wenn Sie dieses komplett übernehmen, haben Sie damit auch alle seine Schulden übernommen. Auch wenn einzelne Vermögensgegenstände beim Veräußerer bleiben, die aber im Verhältnis zu seinem ganzen Vermögen wirtschaftlich ohne Bedeutung sind, haften Sie.

Damit die Haftung eintreten kann, reicht rechtlich gesehen Ihre Kenntnis, daß Sie praktisch das gesamte Vermögen des Verkäufers übernommen haben. Fehleinschätzungen hierüber gehen zu Ihren Lasten.

Es gibt wenige Möglichkeiten, sich gegen die Folgen des § 419 abzusichern. Eine ist, daß Sie sich eine Zusicherung des Verkäufers geben lassen, daß das Unternehmen oder die Beteiligung nicht sein gesamtes Vermögen darstellen. Wenn sich diese Zusicherung später als unrichtig erweist, können Sie die Übernahme rückgängig oder Schadensersatzansprüche geltend machen.

Wenn ein im Konkurs- oder Vergleichsverfahren befindliches Unternehmen gekauft wird, ergibt sich allerdings keine Haftung nach § 419 BGB.

Haftung bei Übernahme von GmbH—Anteilen

Nach § 15 GmbH-Gesetz (GmbHG) sind die Geschäftsanteile einer GmbH veräußerlich und vererblich. Zur Abtretung dieser Geschäftsanteile durch Gesellschafter bedarf es aber eines in notarieller Form geschlossenen Vertrages.

§ 16 GmbHG sagt folgendes aus:

Abs. 1
„Der Gesellschaft gegenüber gilt im Fall der Veräußerung des Geschäftsanteils nur derjenige als Erwerber, dessen Erwerb unter Nachweis des Übergangs bei der Gesellschaft angemeldet ist."

Abs. 2
„Die vor der Anmeldung von der Gesellschaft gegenüber dem Veräußerer oder von dem letzteren gegenüber der Gesellschaft in bezug auf das Gesellschaftsverhältnis vorgenommenen Rechtshandlungen muß der Erwerber gegen sich gelten lassen."

Abs. 3
„Für die zur Zeit der Anmeldung auf den Geschäftsanteil rückständigen Leistungen ist der Erwerber neben dem Veräußerer verhaftet."

§ 16 Abs. 3 GmbHG besagt im Klartext, daß Sie als Erwerber eines Geschäftsanteils neben dem Verkäufer für sämtliche rückständigen Leistungen auf die Stammeinlage haften. Sie und der Verkäufer haften als Gesamtschuldner.

Kaufen Sie also beispielsweise 50 Prozent an einer GmbH mit einem Stammkapital von 100.000 DM, auf das jedoch nur 25.000 DM einbezahlt sind, so haften Sie noch mit dem Verkäufer für die Einzahlung von den restlichen 75.000 DM!

Wenn Sie sich in eine junge GmbH zunächst einkaufen und kurz darauf sämtliche Anteile übernehmen, so kann § 19 Abs. 4 GmbHG für Sie von Bedeutung werden. Danach besteht nämlich die Verpflichtung zur vollen Leistung der Stammeinlage innerhalb von drei Monaten, wenn sich die Geschäftsanteile in der Zeit von drei Jahren nach Eintragung der GmbH in das Handelsregister in einer, also Ihrer Hand, vereinigen.

Achten Sie beim Erwerb von GmbH-Geschäftsanteilen also immer darauf, daß alle Stammeinlagen auf die veräußerten Geschäftsanteile voll einbezahlt sind. Sie sollten darauf bestehen, vom Verkäufer eine entsprechende Zusicherung im Übertragungsvertrag zu bekommen bzw. sich durch Vorlage von Bankbelegen absichern.

Auch hier muß bemerkt werden, daß Sie als Käufer eines Anteils nicht für die Schulden der Gesellschaft haften. Deren Schulden bestehen aber unabhängig davon, ob Sie sie kennen. Bleiben sie Ihnen verborgen, können Sie auch ohne Haftung Ihr eingesetztes Kapital verlieren.

Haftung für Steuern und Abgaben

Eine Haftung für Steuern und Abgaben ergibt sich aus § 75 Abs. 1 der Abgabenordnung (AO):

„Wird ein Unternehmen oder ein in der Gliederung eines Unternehmens gesondert geführter Betrieb im Ganzen übereignet, so haftet der Erwerber für Steuern, bei denen sich die Steuerpflicht auf den Betrieb des Unternehmens gründet und für Steuerabzugsbeträge, vorausgesetzt, daß die Steuern seit dem Beginn des letzten, vor der Übereignung liegenden Kalenderjahres entstanden sind und bis zum Ablauf von einem Jahr nach Anmeldung des Betriebes durch den Erwerber festgesetzt oder angemeldet werden. Die Haftung beschränkt sich auf den Bestand des übernommenen Vermögens. Den Steuern stehen die Ansprüche auf Erstattung von Steuervergütungen gleich."

Das heißt also, daß Sie als Käufer für die Betriebssteuer haften. Die Haftung ist zeitlich begrenzt und bezieht sich nur auf die Ansprüche, die im letzten Jahr vor dem Verkauf entstanden sind.

Gehaftet wird nach § 75 Abs. 1 AO jedoch nur für die Gewerbesteuer, die Umsatzsteuer, Verbrauchssteuern bei der Herstellung (zum Beispiel Mineralölsteuer) und dergleichen. Nicht dazu gehören Personensteuern wie Einkommen- und Körperschaftsteuer sowie Vermögen- und Erbschaftsteuer oder Kapitalverkehrsteuern, jedoch Lohnsteuer, wenn in dem zum Kauf anstehenden Unternehmen Arbeitnehmer beschäftigt werden.

Wie bereits bei anderen Haftungsrisiken ausgeführt, sollten Sie auch hier darauf achten, daß im Übernahmevertrag eine Erklärung über rückständige Betriebssteuern und Steuerabzugsbeträge aufgenommen wird. Im Zweifelsfall sollten Auskünfte beim zuständigen Finanzamt eingeholt und Betriebsprüfungen beachtet werden.

Arbeitsrechtliche Haftung

Wenn Sie eine Firma übernehmen, in der Mitarbeiter beschäftigt sind, so kommen die Vorschriften des § 613 a BGB zum Tragen. Diese Rechtsvorschrift sagt wörtlich folgendes aus:

Abs. 1
„Geht ein Betrieb oder Betriebsteil durch Rechtsgeschäft auf einen anderen Inhaber über, so tritt dieser in die Rechte und Pflichten aus den im Zeitpunkt des Übergangs bestehenden Arbeitsverhältnissen ein. Sind diese Rechte und Pflichten durch Rechtsnormen eines Tarifvertrages oder durch eine Betriebsvereinbarung geregelt, so werden sie Inhalt des Arbeitsverhältnisses zwischen dem neuen Inhaber und dem Arbeitnehmer und dürfen nicht vor Ablauf eines Jahres nach dem Zeitpunkt des Übergangs zum Nachteil des Arbeitnehmers geändert werden. Satz 2 gilt nicht, wenn die Rechte und Pflichten bei dem neuen Inhaber durch Rechtsnormen eines anderen Tarifvertrags oder durch eine andere Betriebsvereinbarung geregelt werden. Vor Ablauf der Frist nach Satz 2 können die Rechte und Pflichten geändert werden, wenn der Tarifvertrag oder die Betriebsvereinbarung nicht mehr gilt oder bei fehlender beiderseitiger Tarifgebundenheit im Geltungsbereich eines anderen Tarifvertrags, dessen Anwendung zwischen dem neuen Inhaber und dem Arbeitnehmer vereinbart wird."

Abs. 2
„Der bisherige Arbeitgeber haftet neben dem neuen Inhaber für Verpflichtungen nach Abs. 1, soweit sie vor dem Zeitpunkt des Übergangs entstanden sind und vor Ablauf von einem Jahr nach diesem Zeitpunkt fällig werden, als Gesamtschuldner. Werden solche Verpflichtungen nach dem Zeitpunkt des Übergangs fällig, so haftet der bisherige Arbeitgeber für sie jedoch nur in dem Umfang, der dem im Zeitpunkt des Übergangs abgelaufenen Teil ihres Bemessungszeitraums entspricht."

Abs. 3
„Absatz 2 gilt nicht, wenn eine juristische Person durch Verschmelzung oder Umwandlung erlischt; ..."

§ 613 a BGB sagt aus, daß Sie als Erwerber in die Rechte und Pflichten der bestehenden Arbeitsverhältnisse eintreten. Darüber hinaus haften Sie mit dem Veräußerer gesamtschuldnerisch für Verpflichtungen aus Arbeitsverhältnissen, die vor dem Zeitpunkt des Übergangs entstanden sind und vor Ablauf eines Jahres nach diesem Zeitpunkt fällig werden.

Kündigungen, die Sie als Käufer oder auch der Veräußerer aufgrund des Verkaufs von Betriebsteilen oder des gesamten Unternehmens aussprechen, sind unwirksam!

Beachten Sie im übrigen, daß Sie nicht die Möglichkeit haben, Arbeitnehmern aus Anlaß der Übernahme des sie beschäftigenden Unternehmens zu kündigen. Denn in § 613 a BGB heißt es dazu:

Abs. 4
„Die Kündigung des Arbeitsverhältnisses eines Arbeitnehmers durch den bisherigen Arbeitgeber oder durch den neuen Inhaber wegen des Übergangs eines Betriebes oder eines Betriebsteils ist unwirksam. Das Recht zur Kündigung des Arbeitsverhältnisses aus anderen Gründen bleibt unberührt.“

So mancher Käufer hat sich schon kühl ausgerechnet, wie viele Mitarbeiter er anläßlich der Betriebsübernahme entlassen müßte, damit die Kostenstruktur wieder stimmt und das Unternehmen wieder rentabel wird. Er mußte dann einsehen, daß Kündigungen wie beschrieben nicht wirksam sind, und hatte lediglich die „üblichen" Kündigungsmöglichkeiten.

Die Trennung von einem Arbeitnehmer im Wege der ordentlichen Kündigung kostet immer Geld. Rechnen Sie einfach mit einem halben bis zu maximal einem Monatsgehalt pro Jahr Betriebszugehörigkeit des entsprechenden Arbeitnehmers, dem Sie kündigen wollen. Dann liegen Sie weitgehend im Bereich dessen, in dem die Arbeitsgerichte entscheiden. Hier können jedoch recht schnell beträchtliche Summen zusammenkommen und man muß sich eben mit dem Verkäufer einigen, wie hier vorzugehen ist. So könnte der Veräußerer selbst noch für die Anpassung der Personalkostenstruktur und die notwendige Entlassung der Mitarbeiter sorgen. Sie übernehmen die Firma erst dann, wenn dies alles vollzogen ist. Oder Sie ziehen die voraussichtlich zu leistenden Abfindungen vom Kaufpreis ab.

Selbst ein bereits gekündigtes Arbeitsverhältnis, bei dem die Kündigungsfrist noch nicht abgelaufen ist, ist ein im Zeitpunkt des

Übergangs noch bestehendes Arbeitsverhältnis. Als Erwerber übernehmen Sie die bestehenden Arbeitsverhältnisse in dem Zustand, in dem sie sich beim Verkäufer befunden haben. Folge ist, daß Sie die Löhne und Gehälter einschließlich aller Nebenleistungen in der bisherigen Höhe bezahlen müssen.

Grundsätzlich regelt der § 613 a BGB jedoch nur die Haftung im Außenverhältnis. Wer im Innenverhältnis für die Verbindlichkeiten aufzukommen hat, hängt vom Inhalt des Übernahmevertrages ab. Hier können Sie zum Beispiel aufnehmen lassen, daß der Veräußerer ausschließlich haftet. Sie müssen ihn jetzt nur noch davon überzeugen.

Mustervertrag – Kauf eines Einzelunternehmens

Verhandelt

zu Stuttgart am 19. 12. 1989

Vor mir, dem unterzeichnenden Notar

DR. HANS NOTAR
in Musterstadt

erschienen heute:

1. Frau Martha May, 7000 Stuttgart 1, Holunderstraße 9,
2. deren Ehemann, Herr Helmut May, wohnhaft daselbst,
3. Herr Philipp Maier, Eisenachpfad 13, 9930 Leopoldshof,
4. dessen Ehefrau, Paula Maier, wohnhaft daselbst.

Die Erschienenen sind dem Notar persönlich bekannt. Sie bitten um Beurkundung folgenden

Kaufvertrages:

§ 1
Präambel

Unter der Zugehörigkeitsnummer 9999 9999 der Industrie-
und Handelskammer Stuttgart, 7000 Stuttgart 1, ist Frau
Martha May als Inhaberin des Unternehmens „Martha
May", 7000 Stuttgart 1, eingetragen.

Gegenstand des Geschäftsbetriebes ist insbesondere die
Herstellung von Drehteilen.

§ 2
Veräußerung

(1) Frau Martha May – im folgenden Veräußerin
genannt –

verkauft

an

Herrn Philipp Maier – im folgenden Erwerber genannt –
den vorgenannten Geschäftsbetrieb.

Der Geschäftsbetrieb umfaßt folgende Gegenstände:

1. Die sich aus der Anlage 1) ergebenden beweglichen Gegenstände (Maschinen und maschinelle Einrichtungen,
   Betriebs- und Geschäftsausstattung); auf die Anlage wird
   Bezug genommen und verwiesen,
2. die sich in den Betriebsräumen befindlichen Lagerbestände (Roh-, Hilfs- und Betriebsstoffe, unfertige Erzeugnisse und fertige Erzeugnisse und Waren),
3. die bestehenden Rechtsverhältnisse (Werk- und Dienst-
   verträge, Verträge mit Lieferanten, Kunden und Arbeitsverträge, Versicherungen u. ä., über deren Umfang die
   Vertragsschließenden einig sind),
4. die Geschäftsbücher, die Kunden- und Lieferantenkar-
   tei.

(2) Der Erwerber ist berechtigt, den Geschäftsbetrieb unter der Bezeichnung

„Martha May"

unter Beifügung eines auf die Nachfolge hinweisenden Zusatzes beizubehalten.

Dieses Recht kann er an einen Nachfolger weitergeben.

(3) Zwischen den Vertragsparteien besteht Einigkeit darüber, daß Forderungen aus dem Erwerbsgeschäft gegen Kunden und Geldinstitute bis zum Übernahmetag der Veräußerin zustehen.

(4) Ferner besteht Einigkeit darüber, daß die Verbindlichkeiten der Veräußerin, soweit sie bis zum Übernahmetag entstanden sind, insbesondere

a) die Verbindlichkeiten gegenüber den Lieferfirmen,
b) die Verbindlichkeiten gegenüber den Banken,
c) die Verbindlichkeiten gegenüber sonstigen Gläubigern durch Dienst- und Werkverträge,

nicht durch den Erwerber übernommen werden.

Die Veräußererin versichert, daß ihr weitere Verbindlichkeiten, insbesondere solche aus Haftungsfällen, aus unerlaubter Handlung u. ä., nicht bekannt sind.

§ 3
Kaufpreis
Der Kaufpreis beträgt
405.000 DM
(in Worten: vierhundertfünftausend Deutsche Mark)

Der Kaufpreis ist wie folgt zahlbar:

1. Ein Teilbetrag von 120.000 DM ist zahlbar bei Abschluß dieses Vertrages, spätestens jedoch bis zum 31. 12. 89 und bis dahin unverzinslich. Danach ist er für die Dauer des Verzuges mit jährlich 8 v. H. zu verzinsen.

2. Der Restbetrag von 285.000 DM ist in monatlichen Teilbeträgen von je 3.000 DM, erstmals am 1. 3. 1990, die weiteren Raten jeweils am 1. des folgenden Monates an die Veräußerin zu zahlen.
   Bei Einhaltung des vorgenannten Zahlungsmodus ist der Restbetrag zinsfrei. Falls zwei aufeinanderfolgende Monatsraten nicht fristgerecht bezahlt werden und trotz Mahnung mit 14tägiger Frist die Zahlung nicht nachgeholt wird, ist der gesamte Restbetrag zur Zahlung fällig und mit 8 v. H. für das Jahr zu verzinsen.

Die Kaufpreiszahlungen haben zu erfolgen auf das Konto Nr. 99 999 bei der Stadtsparkasse Stuttgart,
Kontoinhaber: Frau Martha May.
Kaufpreiszahlungen wirken nur dann schuldbefreiend, wenn sie auf dieses Konto einbezahlt werden.

§ 4
Übergabe

Die Geschäftsübernahme findet am 1. 12. 1990 statt. Von da an gehen Nutzen und Lasten auf den Erwerber über. Ab diesem Zeitpunkt geht auch die Gefahr des zufälligen Unterganges und der zufälligen Verschlechterung auf den Erwerber über.
Die Handels- und Geschäftsbücher händigt die Veräußerin dem Erwerber bei der Übernahme aus. Der Erwerber hat in diese Bücher bereits Einsicht genommen.
Die zu dem Geschäftsbetrieb gemäß Anlage 1) gehörenden beweglichen Gegenstände und die Lagerbestände gehen zum 1. 12. 1990 in das Eigentum des Erwerbers über. Über den Eigentumsübergang besteht Einigkeit.

§ 5
Arbeitsverhältnisse

Der Erwerber tritt in die mit den Arbeitern und Angestellten des Geschäftsbetriebes abgeschlossenen, ihm bekannten Verträge zum 1. 12. 1990 ein. Die Einwilligung der Angestellten und Arbeiter hierzu liegt bereits vor.

§ 6
Gewährleistung

Die Veräußerin übernimmt Gewähr im Rahmen der gesetzlichen Bestimmungen. Garantien werden nicht übernommen.

Eine Gewährleistung für Umsatz und Gewinne übernimmt die Veräußerin nicht. Die Veräußerin haftet nicht für die Durchsetzbarkeit von Ansprüchen.

Die Veräußerin tritt alle ihr am Übergabetag etwa noch zustehenden Gewährleistungsansprüche gegen Lieferanten etc. an den Erwerber ab und ermächtigt diesen, diese Ansprüche im eigenen Namen geltend zu machen.

Die Veräußerin versichert, daß ihr von verborgenen Sachmängeln nichts bekannt ist, Eigentumsvorbehalte sowie Sicherungsübereignungsverträge nicht bestehen, die veräußerten, zum Geschäftsbetrieb gehörenden Gegenstände, wie in § 2 beschrieben, in ihrem Eigentum stehen und nicht gepfändet oder sonst mit Rechten Dritter belastet sind.

Rückstände und Stundungen an Steuern und sonstigen öffentlichen Abgaben und Lasten, bezogen auf den Geschäftsbetrieb, bestehen nicht.

Die Veräußerin versichert des weiteren, daß der veräußerte Geschäftsbetrieb nicht sein Vermögen im Ganzen oder in wesentlichen Teilen im Sinne des § 419 BGB darstellt.

§ 7
Geschäftsgebäude

Der diesen Vertrag bildende Geschäftsbetrieb wird im Gebäude Musterstraße 99 umgetrieben. Gebäudeeigentümer ist Herr Karl Besitzer, Musterstraße 89. Dieser ist damit einverstanden, daß der bisherige Mietvertrag mit seinen Vertragsbedingungen mit dem Erwerber fortgesetzt wird. Er übernimmt die Mietsache zum 1. 12. 1990 und stellt den Veräußerer von allen Ansprüchen aus dem Mietverhältnis frei. Er übernimmt ab Geschäftsübergabe die Mietzinszahlungen mit schuldbefreiender Wirkung für die Veräußerin.

§ 8
Arbeitnehmer

In dem obigen § 5 ist festgeschrieben, daß der Erwerber alle bestehenden Arbeitsverträge mit Arbeitern und Angestellten übernimmt.
Bestätigend wird festgestellt, daß auch der Dienstvertrag mit dem Ehemann der Veräußerin, Herrn Helmut May, mit übernommen wird. Die Vertragsparteien sind sich darüber einig, daß auch auf dieses Arbeitsverhältnis der jeweils geltende Tarifvertrag der Metallindustrie anwendbar ist.

§ 9
Zustimmung der Ehegatten

Vorsorglich stimmen der Ehegatte der Veräußerin, Herr Helmut May, und die Ehegattin des Erwerbers, Frau Paula Maier, dieser Vereinbarung zu.

§ 10
Salvatorische Klausel

Sollte ein Teil dieses Vertrages aus irgendeinem Grunde unwirksam sein oder werden, so hat dies auf die Wirksamkeit des Vertrages im übrigen keinen Einfluß. Die Vertragsparteien verpflichten sich, die unwirksamen Teile des Vertrages durch solche Bestimmungen zu ersetzen, die

wirksam sind und durch die nach Möglichkeit derselbe wirtschaftliche Erfolg erreicht wird.
Gleiches gilt für eine etwa bestehende oder entstehende Vertragslücke.

§ 11
Schlußerklärungen

1. Änderungen und Ergänzungen dieses Vertrages bedürfen zu ihrer Wirksamkeit der Schriftform.
2. Die Kosten dieses Vertrages tragen der Erwerber und die Veräußerin je zur Hälfte.
   Die durch diesen Vertrag etwa entstehenden Steuern trägt die Veräußerin.

> Die vorstehende Niederschrift wurde den Erschienenen nebst Anlage 1) vom beurkundenden Notar vorgelesen, von ihnen genehmigt und eigenhändig unterschrieben wie folgt:

> Martha May

> Helmut May

> Philipp Maier

> Paula Maier

> Dr. Hans Notar

Anlage 1)

Maschinen und maschinelle Einrichtungen, Betriebs- und Geschäftsausstattungen

Anmerkungen zum vorstehenden Vertrag:

Im § 2 wird deutlich, daß das Unternehmen in diesem Beispiel nicht mit allen Aktiva und Passiva übernommen wurde, sondern daß lediglich die betriebsnotwendigen Gegenstände erworben wurden. Das hat den Vorteil, daß man sich als Erwerber über die Einbringlichkeit der Forderungen keine Gedanken machen muß. Genauso braucht man sich um bestehende Verbindlichkeiten nicht zu kümmern und sollte noch zusätzlich vereinbaren, daß auch alle nicht bekannten Verbindlichkeiten, die bis zum Übernahmestichtag entstanden sind, vom Erwerber nicht übernommen werden.

Der § 3 ist ein Beispiel dafür, wie man es als Erwerber erreichen kann, den Kaufpreis „leichter" zu bezahlen. Nämlich dadurch, daß ein wesentlicher Teil in monatlichen Teilbeträgen gezahlt wird.

Auf die Inhalte des § 6 „Gewährleistung" wird man sich als Käufer, je nach Verhandlungsspielraum, nicht oder nur bedingt einlassen. Sogleich nach der Übergabe wird man als Erwerber die Auskünfte überprüfen, die einem von dem Verkäufer gegeben wurden und die sich noch vor der Übernahme nicht vollständig nachvollziehen ließen, beispielsweise in Gesprächen mit den neuen Mitarbeitern und Geschäftspartnern. Ziel dieser Maßnahmen ist die Aufdeckung von Mängeln oder falschen Zusicherungen noch innerhalb der Gewährleistungsfrist von einem halben Jahr, wenn nichts anderes vereinbart wurde. Bei den vorvertraglichen Verhandlungen mit dem Veräußerer sollten Sie auf jeden Fall versuchen, ihn auf die Zusicherung besonderer Eigenschaften „festzunageln". Sei es, daß die angemieteten Geschäftsräume innerhalb der nächsten zehn Jahre nicht durch den Vermieter kündbar sind, oder daß z. B. die Modernisierung der Produktionsanlagen von Behördenseite aus auf jeden Fall genehmigt werden. – Und noch ein wesentlicher Punkt: Versuchen Sie eine längere Gewährleistungsfrist zu vereinbaren, damit Sie auch noch nach einem halben Jahr, wenn Sie im Betrieb einen Mangel feststellen, den der Veräußerer zu vertreten hat, Ansprüche geltend machen können.

XI. Wie Sie beim Kauf am besten vorgehen

Wie bereits mehrfach aufgezeigt, können mit einem Unternehmens- oder Beteiligungskauf erhebliche Gefahren und Risiken verbunden sein. Je gründlicher Sie Ihren Beteiligungs- oder Unternehmenskauf geplant haben, desto größer ist die Wahrscheinlichkeit, daß Sie von solchen Gefahren oder Risiken nicht überrascht werden.

Als Erwerber werden Sie bestrebt sein, das Unternehmen oder Beteiligung möglichst preiswert zu kaufen. Der Verkäufer wird das gleiche, nur mit umgekehrten Vorzeichen, versuchen. So verbinden sich mit dem Kaufobjekt auf seiten des Käufers und des Verkäufers ganz unterschiedliche Wertvorstellungen, die sich im Verlauf des Kauf- und Verhandlungsprozesses angleichen und ihren Ausgleich in Form eines Kaufpreises und verschiedener Bedingungen finden – oder eben nicht.

Ein Unternehmens- beziehungsweise Beteiligungskauf ist damit ein Entscheidungsprozeß, bei dem Sie gedanklich das vorwegnehmen sollten, was in Zukunft passieren wird. Die Tragweite Ihrer Entscheidung macht ein sorgfältig geplantes und gut strukturiertes Vorgehen notwendig. Erfahrungsgemäß unterschätzen Interessenten die zeitlichen und inhaltlichen Gegebenheiten eines solchen Prozesses meistens.

An dieser Stelle muß nochmals darauf hingewiesen werden – auch wenn die Gefahr besteht, daß man uns als Beratern vorwirft, pro domo zu sprechen –, daß, egal ob man eine Firma oder Beteiligung kaufen oder auch verkaufen möchte, man nicht darum herumkommt, fachkundigen Rat einzuholen.

Es liegt auf der Hand, daß Berater, die um ein Geschäft fürchten, eher dazu neigen, eine Transaktion zu verhindern. So erlebt man beispielsweise immer wieder, daß die Haus-Steuerberater, Wirtschaftsprüfer oder Unternehmensberater ihre Preisforderungen so hochschrauben, daß ein Kauf absolut unmöglich wird; oder der Haus-Anwalt verlangt die Aufnahme von Klauseln in den Übernahmevertrag, die so unter keinen Umständen vom Käufer akzeptiert werden können. Leider gelingt es solchen Haus-Beratern sehr häufig, Mandanten von der Richtigkeit ihrer Forderungen zu überzeugen, weil schon seit Jahren ein enges Vertrauensverhältnis besteht.

Käufer werden leider manchmal in Finanzierungsfragen äußerst zweifelhaft beraten. Ein Berater, der an der Finanzierung einer Übernahme sein Geld verdient, wird eher als jemand, der daraus keinen wirtschaftlichen Nutzen zieht, dazu neigen, hohe Preise für den Käufer zu akzeptieren.

Nachfolgendes Phasenmodell soll Ihnen bei einer systematischen Vorgehensweise helfen:

Erstens: Die Initialphase
Die Entscheidung, ein Unternehmen oder eine Beteiligung zu kaufen, ist gefallen. Sie machen sich Ihre Möglichkeiten und Ihre Wünsche deutlich: Wie hoch kann mein Investment ungefähr sein? In welcher Branche suche ich? Wie groß soll das Objekt sein (wieviel Umsatz, wieviel Mitarbeiter etc.)?

Sie machen sich auf die Suche von Angeboten (vgl. dazu auch Kapitel III. – Suche von Angeboten).

Zweitens: Die Prüfphase
Sie nehmen Kontakt mit dem Verkäufer auf oder lassen dies über einen Berater tun. Erste Gespräche und Prüfungen finden statt. Wenn Sie die Auswahl zwischen mehreren Objekten haben, was wünschenswert, aber oft nicht gegeben ist, so treffen Sie eine erste Vorauswahl. Analysieren Sie gemäß Kapitel IV., warum verkauft werden soll. Gehen Sie weiter anhand der Checklisten gemäß Kapitel V. und VI. vor und recherchieren Sie, ob es k.o.-Kriterien gibt, die dazu führen, daß Sie das Angebot auf keinen Fall weiterverfolgen sollten. Das Ergebnis dieser Phase ist, wenn Sie Glück haben, ein Angebot, oder aber gar mehrere Angebote, die so interessant sind, daß sich eine aufwendigere Prüfung lohnt. Wenn Sie Pech haben, war kein prüfenswertes Objekt dabei.

In dieser Phase werden Sie als Kaufinteressent oft mit dem Wunsch des Verkäufers konfrontiert, daß von seinen Verkaufsabsichten absolut nichts nach außen sickern soll. Das ist einerseits verständlich. Andererseits darf ein solches Verhalten aber auch nicht dazu führen, daß der Verkäufer Unterlagen, die zur Beurteilung seines Unternehmens wichtig sind, nicht herausgibt oder die Möglichkeit verwehrt, den Betrieb zu besichtigen. Ein Betrieb muß, wenn man sich ein vernünftiges Bild machen möchte, immer besichtigt werden. Und zwar dann, wenn dort gearbeitet wird und nicht nachts. Nur dann, wenn man während der Arbeitszeit das Unternehmen kennenlernen kann, besteht die Möglichkeit, etwas von der Motivation der Mitarbeiter, deren Disziplin, der Organisation etc. „einzufangen" und bekommt meist auf Anhieb einen guten Eindruck über Kapazitätsauslastungen etc. Hier zum Beispiel besteht die Möglichkeit, bei der Beurteilung eines Produktionsbetriebes die sogenannte Multimomentmethode anzuwenden: das heißt, immer wieder zu schauen, wieviele Maschinen denn im Einsatz sind. Dies ist eine gleichermaßen lohnenswerte wie wenig aufwendige Sache.

Es ist wohl in jedem Unternehmen üblich, daß ab und an Besucher kommen. Und das müssen Sie dem Verkäufer auch klar machen. Natürlich kann man gerne die entsprechenden Gespräche und Verhandlungen außerhalb des Unternehmens führen und selbst alles tun, damit dem Geheimhaltungsinteresse des Verkäufers Rechnung getragen wird.

Wenn letzterer sich aber partout weigert, den Betrieb mit Ihnen und gegebenenfalls einem Dritten während der Arbeitszeit zu besichtigen, dann ist meist irgend etwas nicht in Ordnung.

Auch die manchmal vorgebrachten Argumente, häufige Besuche – und dazu noch solche – würden Unruhe unter der Belegschaft hervorrufen, kann man nur zum Teil akzeptieren. Gute Mitarbeiter brauchen in aller Regel um ihren Arbeitsplatz nicht zu fürchten.

Drittens: Die Bewertung und Detailanalyse
Nun wird es wesentlich aufwendiger. Zu tun ist folgendes:

● Sie prüfen das Objekt, zum Beispiel anhand der Checklisten gemäß Kapitel VI.

● Sie analysieren die Verkaufsanlässe gemäß Kapitel IV. (die wirklichen Anlässe stellen sich oft erst nach mehreren Gesprächen, vielleicht abends nach dem zweiten Glas Wein heraus).
● Sie prüfen Haftungsgesichtspunkte gemäß Kapitel X.
● Sie prüfen rechtliche Aspekte gemäß Kapitel X.
● Sie ermitteln den Wert des Unternehmens oder der Beteiligung gemäß Kapitel VII und legen Ihr „Einstiegsangebot" fest sowie den Kaufpreis, den Sie maximal zu zahlen bereit sind.
● Sie prüfen Ihre Finanzierungs- und gegebenenfalls Fördermöglichkeiten gemäß Kapitel IX.
● Sie beleuchten die steuerlichen Aspekte gemäß Kapitel VIII. und sollten sich auch mit der steuerlichen Situation des Verkäufers vertraut machen, da Gestaltungsmöglichkeiten in diesem Bereich für Erfolg oder Scheitern verantwortlich sein können.

Sie erleichtern sich den Überblick in dieser Phase ungemein, wenn Sie hauptsächlich mit Checklisten, wie in Kapitel VI. ausgeführt sowie Tabellen und Aufstellungen arbeiten. Wollen Sie einen schnellen Überblick über die Mitarbeiter- oder Kundenstruktur haben, so könnte folgende Aufstellung sinnvoll sein:

Tabelle – Mitarbeiterstruktur

Name	Funktion	Eintritt am	Alter	Bruttover-gütung p. a.
Herr Kaiser	Prokurist	01. 04. 1985	40	86.000 DM
Herr Krüger	Arbeiter	01. 09. 1983	33	33.000 DM
Frau Will	Buchhalterin	01. 01. 1987	30	45.000 DM
Frl. Schreiber	1/2-Tages-Sekretärin	01. 01. 1987	22	20.000 DM

Tabelle – Kundenstruktur

Kunde	Geschäftssitz	Umsatz 1987 DM	%	Umsatz 1988 DM	%
Maier GmbH	Stuttgart	660.000	33	760.000	38
Weiser OHG	Gräfelfing	300.000	15	340.000	17
Firma Kolb	Pfaffenhofen	100.000	5	200.000	10
Firma Schneider	Augsburg	160.000	8	360.000	18

Um die Ernsthaftigkeit Ihrer Bemühungen zu unterstreichen oder auch den Verkäufer zu binden, werden Sie jetzt unter Umständen einen Vorvertrag schließen oder eine Absichtserklärung geben und gegenzeichnen lassen (vgl. Kapitel X.).

Viertens: Die Verhandlungsphase
Sie gehen auf das konkret vorliegende Angebot des Verkäufers ein oder unterbreiten selbst eines. Sie gehen mit Ihrem oben bezeichneten „Einstiegsangebot" in die Verhandlungen. Dieses Einstiegsangebot muß Ihnen einerseits noch „Luft" nach oben lassen, darf auf der anderen Seite jedoch nicht unfair niedrig sein. Viele Verkäufer betrachten ihr Unternehmen als ihr Lebenswerk, und das ist es oft auch. Zum Teil bestehen von dieser Seite utopische Vorstellungen über den Unternehmenswert, und es hilft dann nichts anderes, als die „Schocktherapie" anzuwenden. Verkäufer, die utopische Vorstellungen haben, können manchmal durch das simple Vorrechnen, daß eine Amortisation des geforderten Kaufpreises mit diesem Unternehmen nie möglich sei, überzeugt werden.

Manchmal wollen weder Käufer noch Verkäufer die ersten sein, die mit einem Angebot herausrücken. Das führt oft zu den seltsamsten Gesprächssituationen. Nach einer kürzlich erfolgten Bewertung für einen Kunden ging es darum, nun über Preise zu reden. Er als GmbH-Gesellschafter mit 40 Prozent der Anteile wollte altershalber an den Mehrheitsgesellschafter mit 60 Prozent verkaufen. Keiner wollte zuerst den Preis nennen, und unser Mandant, ein gewitzter 60jähriger Schwabe, schlug vor, daß jeder seine Preisvorstellung auf einen Zettel schreiben solle und man diese Zettel auf Kommando umdrehe. So wurde dann verfahren. Auf dem Zettel unseres Kunden stand „2,7 Mio. DM"; auf dem des Mehrheitsgesellschafters und seines Beraters: „zwischen 1,2 und 2 Mio. DM". So kann es einem manchmal gehen. Trotzdem, dieses Verfahren war in diesem Fall das richtige. Die zwei Positionen waren somit 2,7 und 2 Mio. DM!

Da meistens Verkäufer zuviel verlangen und Käufer meist zu wenig bezahlen wollen, kann man als Käufer ruhig ein Einstiegsangebot mit „Luft nach oben" machen. Die Chance, daß dieses bereits höher liegt, als das, was sich der Verkäufer vorgestellt hat, ist gering und zeigt im Extremfall das Unvermögen einer Seite, den Wert der Firma oder Beteiligung richtig einzuschätzen.

Diese vierte Phase, die Verhandlungsphase, ist meist besonders interessant. Denn jetzt kommen die wahren Charaktere zutage und es zeigt sich, wer etwas vom Verhandeln versteht und wer nicht.

Auf jeden Fall sollte fair verhandelt werden. Ein Berater eines Verkäufers, der durch unrealistische Forderungen den Kauf objektiv zum Scheitern bringt, ist genauso unfair wie ein Käufer, der von einem kränkelnden Unternehmer kaufen will, der deshalb unter Zeitdruck verkaufen muß und diesen immer und immer wieder hinhält.

Fünftens: Die Durchführungsphase

Wenn Sie sich mit dem Verkäufer bezüglich des Kaufpreises überhaupt nicht einigen konnten, kommt es natürlich nicht zur Durchführungsphase. War dies jedoch der Fall, so ist nun die Klärung der Zahlungsmodalitäten und die Gestaltung des Kaufvertrages fällig (vgl. dazu auch Kapitel X.). Alle erkannten Risiken und Eventualitäten, die sich insbesondere aus der Bewertung und Detailanalyse ergaben, müssen Eingang in den Vertrag finden.

Sechstens: Die Übergabephase

Die Übergabephase kann kurz sein, insbesondere dann, wenn der frühere Inhaber nicht mitarbeitet. Sie kann sich aber auch über einige Jahre ausdehnen, wenn Sie als Käufer sukzessive in die Beziehungen mit dem Kunden einsteigen und sich einarbeiten. Im Laufe der Zeit zeigt sich nun, ob der Kauf richtig war; und Sie sehen gegebenenfalls Abweichungen von Ihrer Planung und können diese (hoffentlich!) korrigieren.

Zudem haben Sie nun die Möglichkeit zu prüfen, ob die Angaben, auf denen Sie Ihre Kaufentscheidung aufgebaut haben und die Ihnen vom Verkäufer zur Verfügung gestellt wurden, stimmen. Sollte dies nicht der Fall sein, so sollten Sie rasch Gewährleistungsansprüche gegen den Verkäufer geltend machen. Das kann darauf hinauslaufen, daß Sie nun nur einen geminderten Kaufpreis bezahlen (natürlich leichter, wenn Sie noch nicht alles bezahlt haben), Schadenersatz wegen Nichterfüllung verlangen oder gar eine Rückabwicklung des Vertrages herbeiführen müssen oder dieses zumindest versuchen.

XII. Wie es andere gemacht haben – konkrete Fälle

Auf den folgenden Seiten erläutern wir einige konkrete Fälle von Unternehmenskäufen bzw. Bewertungen. Sie sind natürlich verkürzt und vereinfacht wiedergegeben, da auf den wenigen Seiten nicht alle Aspekte einer solchen Transaktion angesprochen werden können.

Auch werden Sie feststellen, daß sich die Arten der Wertermittlung jeweils unterscheiden. Dies entspricht durchaus der gängigen Praxis und ist abhängig vom Berater, der Branche, der Situation des Unternehmens u. ä. (vgl. auch dazu Kapitel VI., Bewertungsverfahren).

Erstes Beispiel: Kauf eines Einzelhandelsgeschäftes

Im folgenden Beispiel handelt es sich um ein Sportfachgeschäft, das seinen Standort in einer Stadt mit rund 50.000 Einwohnern hat.

Beim beabsichtigten Kauf eines Einzelhandelsunternehmens, wie dem in dem Beispiel genannten, sollten Sie mit Ihrer Analyse wie folgt vorgehen und die aufgeführten Punkte prüfen:

● den Absatz (Standort des Ladenlokals, Betrachtung der Wettbewerbs- und Kundensituation etc.)
● den Einkauf (Sortimentsgestaltung, Handelsspanne etc.)
● das Personal (Qualifikation und Motivation der Verkäufer)
● die Finanzen (Entwicklung der Ertrags- und Vermögenslage)

Die Analyse ergibt in unserem Beispiel, daß das Ladenlokal am Ende der Fußgängerzone im Zentrum der Stadt liegt. Durch erst kürzlich durchgeführte Umbauten wurden Fassade und Schaufensteranlagen attraktiver gestaltet. Es ist möglich, gut sichtbare Außenwerbung anzubringen.

Die Eingangszone ist so gestaltet, daß der Eingang von der Straße her gut sichtbar und unbehindert begehbar ist. Die Verkaufsräume erstrecken sich über zwei Etagen, das Erdgeschoß und den ersten Stock.

Orientiert man sich an den von der Branche ermittelten Richtwerten für das jährlich verfügbare Einkommen von Familien für Sportkleidung und -geräte, so ergibt sich ein Volumen von ca. sieben Mio. DM, das es aufzuteilen gilt. Es wurde eine Analyse der Wettbewerber vorgenommen: Die ergab, daß das Kaufobjekt mit einem Marktanteil von ca. 23 Prozent, gefolgt von einem Kaufhaus mit 16 Prozent und einem weiteren Sportfachgeschäft mit 15 Prozent, Marktführer ist.

Die letzten Jahresabschlüsse zeigen verkürzt folgendes Bild (Beträge in DM):

	1984	1985	1986
Umsatzerlöse	1.570.000	1.500.000	1.600.000
Bestandsveränderungen	20.000	45.000	5.000
sonst. betriebl. Erträge	5.000	1.500	700
Wareneinsatz	1.000.000	900.000	1.000.000
Rohergebnis	**595.000**	**646.500**	**605.700**
− Personalaufwand	270.000	300.000	300.000
− Abschreibungen	13.500	4.000	7.000
− Zinsen u. ä. Aufwendungen	38.000	40.000	50.000
− sonst. betriebl. Aufwendungen	234.800	255.000	205.000
Betriebsergebnis	**38.700**	**47.500**	**43.700**

Um einen besseren und schnelleren Überblick über die Kostenstruktur zu bekommen, ist es immer sinnvoll, die Kosten in Prozent der Umsatzerlöse auszudrücken, wie in der nachfolgenden Aufstellung ersichtlich ist.

	1984 in %	1985 in %	1986 in %	Durch- schnitt für 3 Jahre in %
Umsatzerlöse	100,0	100,0	100,0	100,0
Bestandsveränderung	1,3	3,0	0,3	1,5
sonst. betr. Erträge	0,3	0,1	0,0	0,2
– Wareneinsatz	63,7	60,0	63,5	62,1
Rohergebnis	**37,9**	**43,1**	**37,9**	**39,6**
– Personalaufwand	17,2	20,0	18,8	18,6
– Abschreibungen	0,9	0,3	0,4	0,5
– Zinsen u. ä. Aufwend.	2,4	2,7	3,1	2,7
– sonst. betr. Aufwend.	15,0	17,0	12,8	14,9
Betriebsergebnis	**2,5**	**3,2**	**2,7**	**2,8**

Die für das Sportfachgeschäft erstellte Handelsbilanz 1987 zeigt
dazu folgendes Bild:

Aktiva	
Anlagevermögen gesamt	31.800 DM
Betriebsausstattung	12.000 DM
Büroeinrichtung	200 DM
Kraftfahrzeuge	1.000 DM
Beteiligungen	18.600 DM
Umlaufvermögen (gesamt)	817.300 DM
Vorräte	800.000 DM
Forderungen (incl. sonstige)	5.800 DM
Flüssige Mittel	9.000 DM
Rechnungsabgrenzung	2.500 DM
Summe Aktiva	**849.100 DM**

Passiva	
Kurzfristige Verbindlichkeiten (gesamt)	157.000 DM
Längerfristige Verbindlichkeiten	260.000 DM
Eigenkapital (gesamt)	432.100 DM
Kapitalkonto Unternehmer	406.000 DM
Unternehmensgewinn	26.100 DM
Summe Passiva	**849.100 DM**

Durch die schon angesprochenen Umbauinvestitionen sind keine Ladenhüter mehr vorhanden, da ein Räumungsverkauf wegen Umbau erfolgte.

Eine aktuelle stichtagsbezogene Substanzwertrechnung sieht gemäß den vorgenannten Fakten und Zahlen so aus (Zahlen orientieren sich an der Handelsbilanz 1987):

Anlagevermögen (incl. neuer Laden-einrichtung und Gestaltung sowie den beschriebenen Umbauinvestitionen)	300.000 DM
+ Umlaufvermögen (Vorräte, Forderungen, flüssige Mittel)	850.000 DM
− Verbindlichkeiten	450.000 DM
Summe:	**700.000 DM**

Um zu einem zukunftsbezogenen Ertragswert zu kommen, wurde eine Plan-Gewinn- und Verlustrechnung erstellt. Hier ging der Berater unserer Ansicht nach zu euphorisch vor und schätzte den nachhaltig erzielbaren Jahresumsatz auf 2.000.000 DM. Dies deshalb, weil sich seiner Ansicht nach die Umbauinvestitionen positiv auswirken würden und durch das neue Management frischer Wind ins Unternehmen kommt, der für zusätzlichen Umsatz sorge. Die Plan-Gewinn- und Verlustrechnung des Sportfachgeschäftes wurde also wie folgt ausgeführt:

	DM	in % vom Umsatz
Umsatzerlöse	2.000.000	100,00
Bestandsveränderungen	47.000	2,35
sonst. betr. Erträge	2.000	0,10
— Waren/Materialeinsatz	1.252.000	62,60
Rohergebnis	**797.000**	**39,85**
— Personalkosten	330.000	16,50
— Abschreibungen	36.000	1,80
— Zinsen u. ä. Aufwendungen	20.000	1,00
— sonst. betr. Aufwendungen	270.000	13,50
Unternehmensergebnis	**141.000**	**7,05**

Es ergibt sich ein Unternehmensergebnis von ca. sieben Prozent vom Umsatz, was in absoluten Zahlen einem Betrag von 141.000 DM entspricht.

Setzt man nun einen Unternehmerlohn von ca. 70.000 DM an, so verbleibt ein nachhaltiger Gewinn zur Errechnung des Ertragswertes von 71.000 DM. Vereinfachungshalber werden wir in unserer Beispielrechnung einen nachhaltigen Gewinn von 70.000 DM annehmen.

Beim Kapitalisierungszinsfuß wird ein Satz von zehn Prozent angesetzt, was relativ niedrig ist (vgl. Kapitel VIII., Ermittlung des Kapitalisierungszinsfußes). Dieser Satz erscheint aber gerechtfertigt, da das Unternehmen das älteste am Platz ist und über eine gute und treue Stammkundschaft mit ausgeglichener Altersstruktur verfügt.

Der Ertragswert ergibt sich also wie folgt:

Formel Ertragswert:	$\dfrac{\text{Gewinn x 100}}{\text{Kapitalisierungszinsfuß}}$	
Ertragswert	$\dfrac{70.000 \text{ DM x } 100}{10 \text{ Prozent}}$	$= 700.000 \text{ DM}$

Zufälligerweise ergibt sich hier wiederum ein Wert von ca. 700.000 DM, der damit auch als Kaufpreis angesetzt wurde. Es ist klar, daß der Käufer ein Angebot unter diesem Preis unterbreitet hat.

Zweites Beispiel: Kauf eines Steuerberatungsbüros

Ausgangslage

Dem vorliegenden Praxisbeispiel liegt ein Gutachten über die Bewertung eines Steuerberatungsbüros zugrunde.

Zur Durchführung der Bewertung dieser freiberuflichen Praxis wurden für die Geschäftsjahre 1983–1987 die Jahresabschlüsse sowie die Mandantenstruktur analysiert.

Der Jahresumsatz schwankt zwischen ca. 700.000 DM und 800.000 DM.

Die Praxis befindet sich in gemieteten Räumen; die Mietverträge sind langfristig abgeschlossen und können übernommen werden, der Mietzins liegt im ortsüblichen Rahmen.

Zu den materiellen Vermögensgegenständen des Steuerberatungsbüros gehören die Büro- und Geschäftsausstattung sowie eine Fachbibliothek.

Die Mandantenstruktur kann als heterogen bezeichnet werden; es werden sowohl Mittelbetriebe als auch Kleinbetriebe unterschiedlichster Branchen sowie Privatpersonen betreut. Die Auftragsstruktur besteht aus einem ausgeglichenen Verhältnis zwischen Steuerberatungs- und Buchführungsaufträgen, was zu einer ausgewogenen Beschäftigung im Laufe eines Geschäftsjahres führt.

Wertansätze

Üblicherweise werden bei der Unternehmensbewertung Substanz- und Ertragswerte kombiniert. Bei der Bewertung freiberuflicher Praxen kommt eine Substanzbewertung praktisch nicht zum Tragen. Der Anteil der materiellen Vermögensgegenstände hat im Verhältnis zu den immateriellen Werten für den Praxiswert nur Ergänzungsfunktion.

Der Bewertung liegt also das Ertragswertverfahren zugrunde.

120

Ertragswertansatz

Um eine Grundlage für die Kapitalisierung des Ertrages zu haben, wurden die Ergebnisse der Geschäftsjahre 1983–87 untersucht und um außerordentliche Posten bereinigt. Es wurde nach folgendem Schema verfahren, wobei die dargestellten Zahlen die Durchschnittswerte der zugrunde liegenden Unterlagen sind:

Jahresüberschuß vor Steuern	310.000 DM
+ nicht unbedingt notwendige Aufwendungen des Praxisinhabers	40.000 DM
− Unternehmerlohn für eine Tätigkeit mit vergleichbarem Funktions- und Verantwortungsbereich	150.000 DM
Bereinigter Überschuß	**200.000 DM**

Die Untersuchung der Jahresüberschüsse für die einzelnen Perioden zeigte, daß Schwankungen bei den Jahresergebnissen durch Mandatsverluste verursacht wurden (zum Beispiel durch Ausscheiden eines Steuerberaters, der einen Teil der Klienten „mitnahm").

Es wurde mit dem Praxisinhaber vertraglich vereinbart, daß dieser insbesondere zum Aufbau eines Vertrauensverhältnisses zwischen neuem Inhaber und den übernommenen Mandanten noch drei Jahre zur Verfügung steht.

Bei der Bestimmung des Praxiswertes wurde von obigen Zahlen ausgegangen.

Praxiswert

Bereinigter Jahresüberschuß: 200.000 DM
Ansatz Kapitalisierungszinsfuß (mit hohem Risikoanteil für Abwandern von Mandanten) = 20 Prozent

Formel: $\dfrac{\text{Gewinn x 100}}{\text{Kapitalisierungszinsfuß}}$

Praxiswert $\dfrac{\text{200.000 DM x 100}}{\text{20 Prozent}} = 1.000.000\ \text{DM}$

Schlußbemerkungen

Geschäftsübernahmen von Dienstleistern sind oft sehr risikoreich, da die meisten Unternehmen dieser Art sehr personenbezogen sind. Das heißt, wenn der frühere Inhaber ausscheidet, gehen auch viele Kontakte verloren, bzw. Mandanten springen ab. Dieses Risiko kann vertraglich dadurch mitabgesichert werden, daß ein teilweiser Rückbehalt des Kaufpreises vorgenommen wird und wenn die erwarteten Umsätze nicht eintreffen, Kaufpreisminderungen vorgenommen werden.

Speziell für Steuerberatungsbüros werden derzeit zwischen 100 und 160 Prozent Jahresumsatz bezahlt.

Drittes Beispiel: Kauf einer Werkzeugschleiferei

Im Rahmen einer Beratung haben wir für eine Firma, die eine Werkzeugschleiferei hinzukaufen wollte, ein entsprechendes Angebot geprüft.

Das zum Verkauf anstehende Unternehmen wird als Einzelunternehmen betrieben und schleift in Lohnarbeit die verschiedensten Werkzeuge. Es befindet sich in eigenen Räumen. Es werden vier Mitarbeiter beschäftigt. Der Unternehmer arbeitet selbst zum Teil produktiv mit. Er möchte die Firma alters- und gesundheitshalber verkaufen. Vierzig feste Stammkunden sind vorhanden.

Die Umsatz- und Kostenstruktur und damit auch das Betriebsergebnis war in den letzten Jahren außerordentlich – bis auf einen Rückgang des Umsatzes von 1986 von ca. 550.000 DM auf ca. 460.000 DM in 1987.

Basierend auf sorgfältigen Recherchen der Kundenstruktur sowie verschiedener Risiken wurde nachstehende Zukunftserfolgsrechnung zur Berechnung des zukünftig zu erwirtschaftenden Betriebsergebnisses aufgestellt:

Posten	in Zukunft	in % vom Umsatz
Umsatzerlöse	460.000 DM	100,00
– Materialeinsatz	25.300 DM	5,50
Rohgewinn I	**434.700 DM**	**94,50**
– Personalkosten	195.500 DM	42,50
Rohgewinn II	**239.200 DM**	**52,00**

Fixe Kosten		
Zinsen u. a.		
Aufwendungen	13.800 DM	3,00
Abschreibungen	46.000 DM	10,00
betriebl. Aufwand	75.900 DM	16,50
Fixe Kosten gesamt	**135.700 DM**	**29,50**
Betriebsergebnis	**103.500 DM**	**22,50**
Cash-flow	**149.500 DM**	**32,50**
(Betriebsergebnis + Abschreibungen)		

Da es sich um ein Einzelunternehmen handelt, muß der für die Ertragswertformel anzusetzende Gewinn wie folgt ermittelt werden:

Betriebsergebnis   = 103.500 DM
- Kalk. Unternehmerlohn   = 70.000 DM
Nachhaltig zu erwartender Gewinn   = 33.500 DM

Der Kapitalisierungszinsfuß wurde wie folgt angesetzt:

Verzinsung von längerfristigen	
sicheren Anlagen	6 Prozent
Zuschlag für unternehmerisches Risiko	3 Prozent
Zuschlag für erschwerte Verkäuflichkeit	2 Prozent
insgesamt	**11 Prozent**

Nach der Ertragswertformel ergibt sich also folgender Ertragswert:

Formel:	$\dfrac{\text{Gewinn x 100}}{\text{Kapitalisierungszinsfuß}}$	
Ertragswert	$\dfrac{33.500 \text{ DM x } 100}{11 \text{ Prozent}}$	= 345.545 DM

Das mit angebotene Grundstück und Gebäude wurde von einem Gutachter bewertet. Die Maschinen sowie die Betriebs- und Geschäftsausstattung wurden vom Kaufinteressenten und uns gemeinsam geschätzt und es ergab sich folgende – verkürzte – Aufstellung:

Grundstück mit Gebäude	1.060.000 DM
Maschinen, Betriebs- u.	
Geschäftsausstattung	335.300 DM
Betriebsnotwendiges Umlaufvermögen	10.000 DM
Summe der betriebsnotwendigen Aktiva	**1.405.300 DM**

Dieser Wert entspricht somit dem anzusetzenden Substanzwert.

Die Mindestkaufpreisforderung vom Verkäufer betrug im vorliegenden Fall 1.400.000 DM.

Dies war jedoch utopisch. Setzen wir als Verzinsung für den geforderten Kaufpreis von 1,4 Mio. DM nur sieben Prozent an, so ergibt dies allein eine jährliche Zinsbelastung von 98.000 DM. Diese Zinsbelastung frißt praktisch den gesamten Unternehmerlohn und Gewinn wie beschrieben auf und somit ist ein Kauf aus der Sicht des Kaufinteressenten in dieser Form, das heißt mit dem Erwerb der Immobilie, unter keinen Umständen sinnvoll.

Viertes Beispiel: Kauf eines Handelsunternehmens

Bei der im folgenden vorgestellten Firma handelt es sich um eine Vertriebsgesellschaft für Elektrogeräte in der Rechtsform einer GmbH & Co. KG. Komplementärin ist eine GmbH, die seit 1985 ein Stammkapital von 400.000 DM hat. Es handelt sich hierbei um eine Ein-Mann-GmbH, der Geschäftsführer hält 100 Prozent der Anteile. Kommanditist dieser KG ist wiederum der Geschäftsführer der GmbH mit einer Einlage von 375.000 DM. Die GmbH & Co. KG besteht also letztlich nur aus einer einzigen Person.

Beim Verfolgen der Unternehmenschronik fällt auf, daß es bezüglich der Geschäftsführer, Prokuristen und auch Gesellschafter eine rege Fluktuation gab.

Zur Beurteilung des Unternehmenskaufpreises stehen die Jahresabschlüsse der Jahre 1983–1987, betriebswirtschaftliche Auswertungen mit aktuellem Datum, der Gesellschaftsvertrag, ein vom Unternehmer persönlich erstellter Wirtschaftsplan und Auszüge aus dem Handelsregister zur Verfügung.

Die angebotene Firma zeichnet sich dadurch aus, daß sie über ein gut eingeführtes Vertriebsnetz verfügt. Ein Großteil der Umsätze wird auf Messen erzielt.

Bei der Auswertung der Gewinn- und Verlustrechnungen der Jahre 1983–1987 fällt sofort auf, daß sich der Umsatz in diesem Zeitraum fast halbiert hat und von ca. 23 Mio. DM auf knapp 14 Mio. DM gesunken ist. Diese Entwicklung wird besonders durch die Auswertung der genannten Gewinn- und Verlustrechnungen deutlich. In nachfolgender Aufstellung sind alle Zahlen der Jahre 1984–1987 auf das Basisjahr 1983 bezogen.

Hier sieht man, daß in 1987 nur noch 59,3 Prozent des Umsatzes von 1983 erzielt wurden. Auf der anderen Seite wurden Vermögensgegenstände verkauft, was man bei dem Posten „Sonstige betriebliche Erträge" deutlich sehen kann. Hier wurde 1986 beispielsweise 5,4 mal soviel erlöst wie 1983 (1983 = 100 Prozent, 1986 = 540,5 Prozent).

	1983 in %	1984 in %	1985 in %	1986 in %	1987 in %
Umsatzerlöse	100,00	91,8	80,8	68,3	59,3
Sonstige betr. Erträge	100,00	217,6	482,9	540,5	305,9
– Gesamtleistungseinsatz	100,00	85,2	71,1	59,4	49,8
Rohergebnis	**100,00**	**89,3**	**91,6**	**78,8**	**68,9**
– Personalaufwand	100,00	105,3	102,4	90,1	78,8
Abschreibungen	100,00	103,3	79,8	56,3	39,9
Abschr. a. Finanzanl.	100,00	265,5	197,0	0,0	306,9
sonst. betr. Aufwend.	100,00	120,6	119,6	119,3	114,3
+ sonst. Zinsen u. Ertr.	100,00	212,5	195,6	511,6	31,9
Betriebsergebnis	**100,00**	**51,7**	**79,1**	**-15,3**	**-112,0**

Auch die Analyse der Kostenstrukturen der Jahre 1983–87 zeigt ein interessantes Bild. Gemäß nachstehender Tabelle konnte der Wareneinsatz zwar von 45,0 Prozent im Jahre 1983 auf 39,2 Pro-

125

zent in 1987 gesenkt werden (was z. B. mit der Auflösung von Lagerbeständen oder der Ausnutzung von Bewertungsspielräumen zu tun haben kann). Gleiches gelang jedoch nicht mit dem Personalaufwand und insbesondere dem sonstigen betrieblichen Aufwand, der von 35,2 Prozent in 1983 auf 49,9 Prozent in 1987 stieg. Kein Wunder, bei einem über 40prozentigen Umsatzrückgang!

	1983 in %	1984 in %	1985 in %	1986 in %	1987 in %	Durchschn. für 5 Jahre in %
Umsatzerlöse	100,0	100,0	100,0	100,0	100,0	100,0
sonst. betr. Erträge	0,3	0,8	1,9	2,5	1,6	1,4
– Gesamtleistungseinsatz	46,7	43,3	41,1	40,6	39,2	42,2
Rohergebnis	**53,7**	**57,5**	**60,8**	**61,9**	**62,4**	**59,3**
– Personalaufwand	9,9	11,3	12,5	13,0	13,1	12,0
Abschreibungen	2,4	2,7	2,4	2,0	1,6	2,2
Abschr. a. Finanzanlag.	0,7	2,0	1,7	0,0	3,6	1,6
+ sonst. betr. Aufwend.	35,2	37,6	38,4	46,8	49,9	41,6
Betriebsergebnis	**4,4**	**2,5**	**4,3**	**-1,0**	**-8,3**	**0,4**

Zur Entwicklung der Bilanzen ist zu sagen, daß sich die Bilanzsumme im zugrundeliegenden Zeitraum ebenfalls von knapp über acht Mio. DM auf gut über vier Mio. DM fast halbiert hat.

Der Verkäufer hat das Unternehmen zu einem Kaufpreis von 5.000.000 DM angeboten, ohne Übernahme der Forderungen und Verbindlichkeiten. Diesen Wertansatz hatte er nicht von einem Fachmann ermitteln lassen, sondern selbst errechnet. Dies, wie sich später herausstellte, nicht auf der Basis eines Unternehmensbewertungsverfahrens, sondern mit der Überlegung, einen Kaufpreis erzielen zu müssen, der zum einen alle Verbindlichkeiten abdeckt, und ihm zum anderen noch genügend Geld zum Leben übrig läßt.

Im konkreten Fall hat der Käufer einen Erwerb unter dem Gesichtspunkt der Verzinsung seines eingesetzten Kapitals gesehen, wobei Synergieeffekte zu berücksichtigen waren. So verfügt der potentielle Käufer über eine eigene Produktionsfirma, die sich durch den Kauf den Zugang zu den Märkten erleichtern will.

126

Mit diesen Prämissen wurde die nachfolgend gezeigte Zukunftserfolgsrechnung erstellt:

Posten	in Zukunft	in % vom Umsatz
Umsatzerlöse	16.000.000 DM	100,00
Waren/Mat. Einsatz	6.720.000 DM	42,00
Rohgewinn I	**9.280.000 DM**	**58,00**
Personalkosten	1.950.000 DM	12,19
Rohgewinn II/DB	**7.330.000 DM**	**45,81**
fixe Kosten		
— Raum/Energiekosten	121.500 DM	0,76
— Fahrzeugkosten	183.000 DM	1,14
— sonst. Betriebskosten	13.500 DM	0,08
— Versich./Beiträge	72.000 DM	0,45
— Werbe-/Reisekosten	225.000 DM	1,41
— Vertriebskosten	4.800.000 DM	30,00
— Verwaltungskosten	345.000 DM	2,16
Zwischensumme	**5.760.000 DM**	**36,00**
— Abschreibungen	320.000 DM	2,00
— Zinsen	400.000 DM	2,50
— Abschr. Forderungen	300.000 DM	1,88
fixe Kosten ges.	**6.780.000 DM**	**42,38**
Betriebsergebnis	**550.000 DM**	**3,44**
Cash-flow	**870.000 DM**	**5,44**

In der ermittelten Zukunftserfolgsrechnung wird ein Betriebsergebnis von 550.000 DM ausgewiesen. Da die Ansätze nach den genannten Voraussetzungen und dem Prinzip der kaufmännischen Vorsicht gemacht wurden, wird hier von einem nachhaltigen Ergebnis ausgegangen.

In den Personalkosten sind noch keine notwendigen Geschäftsführergehälter berücksichtigt. Bei der dargestellten Betriebsgröße kann für den entsprechenden Geschäftsführer ein Gehalt von 150.000 DM inklusive Nebenkosten angesetzt werden. Somit verbleibt ein kalkulatorischer Gewinn für den zu berechnenden Ertragswert von

Betriebsergebnis	550.000 DM
− Geschäftsführergehalt	150.000 DM
= **nachhaltig erzielbarer Gewinn**	**400.000 DM**

Nach dem Ertragswertverfahren fehlt nur noch die Höhe des Kapitalisierungszinsfußes, um den Ertragswert ermitteln zu können.

Es ergibt sich folgender Ansatz:

Kapitalmarktzins	6 Prozent
Zuschlag für erschwerte Verkäuflichkeit	3 Prozent
Zuschlag für Risiko	4 Prozent
Kapitalisierungszinsfuß =	**13 Prozent**

Der Zuschlag für erschwerte Verkäuflichkeit wurde mit drei Prozent angesetzt, da in der gegenwärtigen Situation Unternehmen relativ leicht veräußerbar sind, auch wenn die Vorgeschichte nicht einwandfrei ist.

Der Risikozuschlag mit vier Prozent ist relativ hoch bemessen, da das Unternehmen ein reines Vertriebsunternehmen und sehr stark von dem Verbleiben der Vertriebsmannschaft abhängig ist. Es steht zu befürchten, daß durch derzeitige innerbetriebliche Turbulenzen noch gute Vertriebsleute abspringen. Für dieses Risiko sind vier Prozent Zuschlag noch relativ niedrig angesetzt. Zudem war der Geschäftsbetrieb hinsichtlich Umsatz- und Kostenentwicklung wenig konstant.

Somit ergibt sich bei der nach dem Ertragswertverfahren anzusetzenden kaufmännischen Kapitalisierungsformel folgender Ertragswert:

Formel:	$\dfrac{\text{Gewinn x 100}}{\text{Kapitalisierungszinsfuß}}$	
Ertragswert	$\dfrac{\text{400.000 DM x 100}}{\text{13 Prozent}}$	$= 3.077.000$ DM

Dieser ermittelte Wert entspricht im übrigen auch den Vorstellungen des Käufers. Zur Berechnung des Ertragswertes muß noch gesagt werden, daß der in der Zukunftserfolgsrechnung angesetzte Posten für Zinsen mit 400.000 DM natürlich sehr hoch bemessen und hier bereits ein großes Sicherheitspolster eingebaut ist.

Alternativ wurde der Unternehmenswert noch nach dem Verfahren der Übergewinnkapitalisierung berechnet (vgl. Kapitel VIII., Methode der Übergewinnkapitalisierung).

Der Substanzwert des angebotenen Unternehmens (nur betriebsnotwendiges Vermögen ohne Schulden) wurde mit 2.600.000 DM ermittelt. Rechnet man mit einer gewünschten Verzinsung der Substanz von zehn Prozent und dem bereits errechneten, nachhaltig zu erwartenden Gewinn von 400.000 DM, so ergibt sich das folgende Bild:

a) Berechnung des Normalgewinns:
   10 Prozent von 2.600.000 DM = 260.000 DM

b) Berechnung des Übergewinns:

nachhaltig zu erwartender Gewinn	400.000 DM
Normalgewinn	260.000 DM
Übergewinn	$= 140.000$ DM

c) Berechnung des Firmenwertes
   (nach der Ertragswertformel):

Formel:	$\dfrac{\text{Übergewinn x 100}}{\text{Kapitalisierungszinsfuß}}$

$$\text{Firmenwert} = \frac{140.000 \text{ DM} \times 100}{15 \text{ Prozent}} \qquad 933.000 \text{ DM}$$

d) Berechnung des Kaufpreises:

Substanzwert:	2.650.000 DM
+ Firmenwert:	933.000 DM
Kaufpreis:	**3.583.000 DM**

Der Risikokapitalisierungszinsfuß ist immer wesentlich höher als die Verzinsung aus der Substanz und wurde hier pauschal mit 15 Prozent angesetzt. Es wird ersichtlich, daß sich nach der Methode der Übergewinnkapitalisierung ein etwas höherer Kaufpreis als nach dem Ertragswertverfahren ergibt.

Ergebnis: Natürlich legt der potentielle Käufer dem Verkäufer nicht seine ganze Sicht der Dinge dar (Synergiepotential für seine Produktionsfirma u. a.). Dem Angebot des Käufers von 3.000.000 DM steht also das Angebot des Verkäufers von 5.000.000 DM gegenüber. Der Verkäufer will nicht wesentlich unter 5.000.000 DM gehen und kann dies aus den beschriebenen Gründen wahrscheinlich auch nicht. Er hat sich deshalb im vorliegenden Beispiel entschlossen, die Firma noch zwei bis drei Jahre weiterzuführen, sie zum Erfolg zu bringen und dann erneut zum Kauf anzubieten.

Fünftes Beispiel: Kauf eines Hotels

Die Ausführungen beziehen sich auf den Erwerb des renommierten Hotels Schneider (Name geändert). Dabei soll Herr B., potentieller Käufer, bei einer Wert- und Preisfindung unterstützt werden. Der Auftrag hierzu wurde am 1. 9. 1987 erteilt. Die Übergabe sollte am 31. 12. 1987 erfolgen. Dies ist auch der Bewertungsstichtag.

Ziel der Beratung ist es, alternative Wertansätze aufzuzeigen, um Herrn B. die Entscheidungsfindung zu erleichtern und Argumente zur Verhandlung mit dem Verkäufer an die Hand zu geben.

Es handelt sich um ein Sport- und Tagungshotel, das in einer reizvollen Landschaft in Österreich gelegen ist. Das Publikum setzt sich wie folgt zusammen:

- 50 Prozent Tagungsteilnehmer
- 28 Prozent Sportgäste
- 22 Prozent sonstige Hotelgäste

Das Unternehmen wird als GmbH betrieben, wobei der bisherige Inhaber geschäftsführender Gesellschafter ist. Er möchte das Hotel aus gesundheitlichen Gründen nicht mehr weiterführen. Der gesamte Komplex, also Grundstück, Gebäude und Hotelausstattung, befinden sich in einem guten Zustand, er beinhaltet im einzelnen:

- 100 Zimmer mit 163 Betten, alle mit Bad und WC
- 40 Personaleinzelzimmer in einem Nebentrakt
- 2 Restaurants mit 93 bzw. 250 Sitzplätzen
- 1 Hotelbar mit 25 Sitzplätzen
- 1 Bauernstube mit max. 60 Sitzplätzen
- jeweils 1 Lese- und Fernsehzimmer
- 2 Konferenzräume
- 1 große Gartenterrasse
- 1 Fitneß-Bereich mit Swimmingpool, Sauna, Solarium und Fitneß-Raum
- 4 Tennisplätze

Das Hotel wurde 1985 aufwendig renoviert und mit einem neuen Trakt versehen. Außerdem gehört zum Komplex ein Einfamilienhaus, das fremdvermietet ist.

In die Gebäude wurden 1975 ca. 4,8 Mio. DM investiert. Sie stehen zum 31. 12. 1980 mit 6,5 Mio. DM zu Buche. Ein weiterer Anhaltspunkt für den Wert ergibt sich aus der Gebäudeversicherung; diese taxiert den Zeitwert auf ca. elf Mio. DM. Der gesamte Gebäudekomplex repräsentiert nach vorsichtiger Schätzung einen Wert von ca. acht Mio. DM. Zum Gebäudekomplex gehört ein Grundstück mit ca. 45.000 qm Fläche. Nach Rücksprache mit der örtlichen Verwaltung ist ein Quadratmeterpreis von 60 DM realistisch. Daraus ergibt sich ein Grundstückswert von 2,7 Mio. DM.

Die Gebäude-/Hotelausstattung, das Inventar usw. wird vom bisherigen Eigentümer mit 900.000 DM angesetzt.

Daraus errechnet sich ein Substanzwert von ca. 11,6 Mio. DM. Diese Bewertung wurde unter Annahme der Fortführung des Hotels getroffen. Man kann Substanz aber auch unter dem Aspekt der Liquidation bzw. der Zerschlagung bewerten. Dann wären bei den einzelnen Posten gegebenenfalls erhebliche Abschläge vorzunehmen.

Aus den zur Verfügung gestellten Unterlagen ergibt sich ein nachhaltig zu erwartender Gewinn in Höhe von 50.000 DM. Bei einem Zinsfuß von zehn Prozent ergäbe sich also ein Ertragswert von

$$\text{Formel:} \quad \frac{\text{Gewinn x 100}}{\text{Kapitalisierungszinsfuß}}$$

$$\text{Ertragswert} \quad \frac{50.000 \text{ DM x } 100}{10 \text{ Prozent}} = 500.000 \text{ DM}$$

Die Tradition des Hotels, seine gepflegte Atmosphäre und der gute Zustand des Hauses lassen es zunächst als interessantes Kaufobjekt erscheinen.

Die extrem niedrige Auslastungsquote der Bettenkapazität von 38 Prozent macht aber deutlich, daß hier noch viel Potential vorhanden ist. Insbesondere würde eine höhere Auslastung eine unterproportionale Steigerung der Kosten mit sich bringen. Dies könnte die Herausforderung an ein neues Management darstellen. Die Marketingaktivitäten müßten ungeheuer verstärkt werden.

Die Ergebnisse der letzten Jahre haben gezeigt, wie wenig rentabel das Hotel bewirtschaftet wurde. Dazu kommt ein weiteres Konkurrenzrisiko, denn im Nahbereich soll ein weiteres Tagungshotel entstehen.

Die unbefriedigende Ertragssituation und die kritischen Zukunftsaussichten sprechen gegen das Hotel als interessantes Investitionsobjekt. Außerdem fallen bei der Übernahme des Hotels noch kleine Renovierungsarbeiten an, die sich insgesamt auf 500.000 DM belaufen dürften.

Da der jetzige Eigentümer nicht unter Verkaufszwang steht, ist mit einem weiteren Nachgeben beim Preis unter den Substanzwert nicht zu rechnen.

Der Substanzwert von ca. 11,6 Mio. DM kann aber nur dann bezahlt werden, wenn sich in absehbarer Zeit auch ein Ertragswert in ähnlicher Höhe erzielen läßt. Das heißt, daß die Auslastungs-quote der Bettenkapazität enorm gesteigert und die Umsatz-Ko-stenstruktur entsprechend verbessert werden muß.

Dies ist ein typisches Beispiel für einen Fall, in dem Verkäufer und Kaufinteressent wahrscheinlich nie zusammenkommen wer-den.

Sechstes Beispiel: Kauf einer Arztpraxis

Unsere Aufgabe war es, Herrn Dr. med. O., einen praktischen Arzt, der sich zum Erwerb einer Praxis entschlossen hatte, im Vor-feld zu beraten.

Wir sollten Herrn Dr. O. insbesondere bei den betriebswirt-schaftlichen Analysen unterstützen, Risiken und Chancen heraus-arbeiten, die mit dem Kauf des Objektes verbunden waren, und ihm Argumente für die Verhaandlungen mit dem Verkäufer an die Hand geben.

Ziel der Beratung für unseren Arzt war es, am Ende der Ver-handlungen die Entscheidung für oder gegen einen Kauf treffen zu können.

Die zum Erwerb angebotene Praxis hat sich auf verschiedene Naturheilverfahren spezialisiert. Sie liegt zentral im Fußgängerbe-reich einer mittelgroßen Stadt. Sie wurde vor 20 Jahren gegründet und soll nun aus Altersgründen zum 1. 7. 1988 abgegeben werden. Behandelt wird in angemieteten Räumen. Die Atmosphäre ist an-genehm und macht einen großzügigen Eindruck. Die Praxis er-scheint sauber und gepflegt. Zur Behandlung stehen die für Natur-heilverfahren üblichen Geräte zur Verfügung. Behandelt werden ausschließlich Privatpatienten. Die Ärztedichte in der Umgebung kann als hoch bezeichnet werden. Außerdem befindet sich eine weitere Praxis für Naturheilverfahren in unmittelbarer Nachbar-schaft.

Der Wert des betriebsnotwendigen Vermögens und damit der Substanzwert beläuft sich auf ca. 100.000 DM.

In den vergangenen fünf Jahren betrug der in den Einnahmen-Überschuß-Rechnungen ausgewiesene Gewinn jeweils zwischen ca. 200.000 DM und 300.000 DM. Eine Zukunftserfolgsrechnung unter der Voraussetzung der Fortführung durch den neuen Erwerber ergab einen nachhaltig zu erwartenden Gewinn von 250.000 DM.

Dr. O. könnte in einer Angestelltentätigkeit ca. 100.000 DM im Jahr verdienen. So ergibt sich folgende Rechnung:

Nachhaltig zu erwartender Gewinn	250.000 DM
– Unternehmerlohn	100.000 DM
= Gewinn für Ertragswert	**150.000 DM**

Bei der Übernahme einer Arztpraxis ist das Risiko, daß einige Patienten abwandern, sehr groß und damit auch der anzusetzende Kapitalisierungszinssatz. Im vorliegenden Fall (Ärztedichte in der Stadt, Altersstruktur der Kundschaft etc.) kann deshalb ein Wert von 25 Prozent angesetzt werden.

Damit ergibt sich folgender Ertragswert:

$$\text{Formel:} \quad \frac{\text{Gewinn x 100}}{\text{Kapitalisierungszinsfuß}}$$

$$\text{Ertragswert} \quad \frac{150.000 \text{ DM x } 100}{25 \text{ Prozent}} = 600.000 \text{ DM}$$

Der errechnete Substanzwert hat nur Hilfsfunktion. Basis für den Kaufpreis einer Praxis ist bei Ärzten, wie auch bei anderen Dienstleistungen, hauptsächlich der Ertragswert, der ja im vorliegenden Fall mit 600.000 DM ermittelt wurde.

Wir haben Herrn Dr. O. empfohlen, für den Erwerb der Praxis ein Einstiegsangebot von 500.000 DM zu unterbreiten. Es verbleibt ihm dann ein Spielraum von 100.000 DM. Darüber hinaus könnte erforderlichenfalls der Zinsatz von 25 Prozent nochmals überdacht und gegebenenfalls ein wenig nach unten korrigiert werden.

XII a. Sonderformen und Übernahmen von Spin-Offs und Buy-Outs

Eine Sonderform des Unternehmenskaufs bilden die sogenannten Spin-Offs und Buy-Outs. Seit 1986 tauchen diese Begriffe immer häufiger in der deutschen Presse auf.

Was ist unter diesen Begriffen nun zu verstehen? Wenn Sie in die Tagespresse oder in verschiedene Wirtschaftsmagazine schauen, können Sie feststellen, daß diese Begriffe immer wieder zur Beschreibung unterschiedlicher oder auch deckungsgleicher Sachverhalte verwendet werden. Der Umgang mit neuen Wortschöpfungen ist eben nicht einfach. Bringen wir also ein wenig Klarheit in diese Begriffsverwirrung:

Unter einen Spin-Off ist das Einbringen von Spezialkenntnissen, meist von naturwissenschaftlichem Know-how, in eine Unternehmensgründung zu verstehen. Ein bekannterweise typisches Beispiel stellt das berühmte Silicon Valley/USA dar, das letztlich dadurch entstand, daß Hochschulabgänger der Stanford University mit Hilfe von Fremdkapital hier ihre eigenen Firmen speziell in der Computerbranche gründeten. Sie gründeten auf eigene Faust, nachdem sie vorher versucht hatten, ihre Ideen der Industrie anzubieten, die aber kein Interesse zeigte.

Heute entstehen die meisten Spin-Offs aus bestehenden Unternehmen selbst und nicht mehr aus dem Hochschulbereich. Beispielsweise, wenn ein Unternehmen feststellt, daß es eine Betriebsgröße erreicht hat, in der immer mehr Bürokratie und Unbeweglichkeit vorherrschen. Dann kann es interessant sein, Neuentwicklungen als Spin-Off auszulagern. Damit werden Freiräume für hochmotivierte Mitarbeiter geschaffen, die sich sonst vielleicht sowieso irgendwann selbständig gemacht hätten oder zumindest immer unzufriedener geworden wären. Eine finanzielle Beteiligung an der Neugründung sichert Einflußmöglichkeiten und eröffnet die Chance, daß sich der Wert der Beteiligung bei einem Erfolg des Spin-Offs innerhalb von wenigen Jahren vervielfacht.

Manchmal besteht durch solche Neugründungen die Möglichkeit, vor allem wenn es sich um technologieorientierte handelt, staatliche und andere Fördermittel in Anspruch zu nehmen. Hinzu kommt, daß insbesondere technische Entwicklungen durch ein größeres Engagement des Managements und der Mitarbeiter und zusätzlich durch die geringere Gemeinkostenbelastung schneller realisiert und damit verwertet und zu Geld gemacht werden können. Untersuchungen haben gezeigt, daß Neuentwicklungen in jungen Unternehmen doppelt so schnell einen positiven Return of Investment (Rückfluß auf investierte Gelder) bringen, wie interne Entwicklungen in Großunternehmen. Nicht zuletzt lassen sich solche Transaktionen von den ausgliedernden Unternehmen imageträchtig nutzen. Gerade Unternehmen, die in der öffentlichen Meinung als schwerfällig gelten, können – wie die Vergangenheit gezeigt hat – ihr Image in Richtung Dynamik und Fortschritt aufpolieren. Typisches Beispiel dafür: die Siemens AG, die bereits zwei Spin-Offs in Fürth gefördert hat. Weitere sind geplant.

Unter einem sogenannten Management-Buy-Out versteht man den Verkauf eines Unternehmens oder von Unternehmensteilen an das eigene Management. Wird an ein fremdes Management verkauft, so spricht man von einem Management-Buy-In.

Zu einem Management-Buy-Out kommt es meist dann, wenn ein Unternehmer beispielsweise alters- oder krankheitshalber oder aus sonstigen Gründen aufhören möchte und keinen geeigneten Nachfolger in der Familie hat. Oder ein Konzern möchte sich von einem Bereich trennen, der vielleicht unwirtschaftlich arbeitet oder nicht mehr in die Konzernstrategie paßt. Gerade bei Konzernen, die zu stark diversifiziert haben, also schon fast als „Gemischtwarenladen" zu bezeichnen sind, sieht man oft nach einigen Jahren ein, daß man sich doch besser auf die angestammten Geschäftsfelder konzentrieren und nicht geeignete abstoßen sollte.

Erkennen Sie Buy-Out-Chancen in dem Unternehmen, in dem Sie angestellt sind, ergeben sich für Sie eventuell sehr interessante Gesichtspunkte:

136

● Sie gelangen sehr günstig an eine Firma, die Sie schon kennen; gegebenenfalls mit eingespieltem Mitarbeiterteam, etablierter Kunden- und Lieferantenstruktur, bekanntem Firmennamen und allen weiteren Vorzügen eines bestehenden und Ihnen bestens bekannten Unternehmens.

● Zudem entstehen möglicherweise, was Ihre Selbstentfaltungsmöglichkeiten als Unternehmer und auch die Verdienstmöglichkeiten anbelangt, ganz neue Perspektiven.

Eine Sonderform der Buy-Outs sind die sogenannten Leveraged-Buy-Outs. Sie unterscheiden sich vom Management-Buy-Out in erster Linie dadurch, daß der Erwerb des Unternehmens oder die Übernahme der Unternehmensteile mit sehr hohem Fremdkapitaleinsatz und geringer Eigenkapitalquote finanziert wird. Hier wird mit einem langfristigen Darlehen zur Finanzierung des Unternehmenserwerbs und einem Betriebsmittelkredit zur Finanzierung des Liquiditätsbedarfs gearbeitet. Was Sicherheiten anbelangt, so müssen in der Regel alle Register gezogen werden. Neben den dinglichen Sicherheiten werden Forderungen abgetreten und immaterielle Rechte wie z. B. Lizenzen, Warenzeichen etc. verpfändet. Für einen Leveraged-Buy-Out kommen daher vorwiegend nur Firmen in Frage, die sich in einer gewissen Reifephase befinden und kein sehr hohes liquiditätsintensives Wachstum mehr haben.

Aus heutiger Sicht ist es schwierig zu beurteilen, wie sich Buy-Outs und Spin-Offs nach Anzahl und Größe der Transaktionen entwickeln werden. Anfang der 80er Jahre ging der Begriff Venture Capital tagtäglich durch die Schlagzeilen der Presse und es bestanden enorme Erwartungen bezüglich dieser Finanzierungsmöglichkeit. Die Entwicklung verlief dann jedoch viel ruhiger als angenommen und Nachfrage und Angebot bewegen sich nicht auf dem Level, der vor einigen Jahren vorausgesagt wurde.

Ähnlich könnte die Entwicklung bei den Buy-Outs und Spin-Offs sein. Daß es nicht so kommt, dafür müßte eigentlich die derzeitige Situation sorgen: Viele mittelständische Familienunternehmen stehen vor der Nachfolgefrage, weil die Unternehmer, die nach dem Krieg und in den 50er oder auch noch 60er Jahren begonnen haben, nun nach und nach übergeben. Andererseits scheint noch einige Aufklärungsarbeit notwendig, bis die Füh-

rungsteams der deutschen Unternehmen dieser Thematik aufge-
schlossen gegenüberstehen. Hier erfüllen die Kapitalbeteiligungsgesellschaften eine wichtige Funktion. Zu nennen sind hier beispielsweise die WFG – Deutsche Gesellschaft für Wagniskapital
mbH, Frankfurt, oder auch die MBG – Baden-Württembergische
Gesellschaft für Beteiligungen mbH, Stuttgart. In den letzten zwei
bis drei Jahren drängten zudem auch ausländische Gesellschaften
auf den deutschen Markt und eröffneten Niederlassungen. So zum
Beispiel die Chase Bank AG, Frankfurt oder die 3i-Gesellschaft
für Industriebeteiligungen mbH, Frankfurt.

Am Anfang des Jahres 1988 fand auch ein erster Management-
Buy-Out-Kongreß in Neuss statt. Er wurde vom Bundesverband
Deutscher Unternehmensberater (BDU), der Arbeitsgemein-
schaft zur Förderung der Partnerschaft in der Wirtschaft (AGP)
sowie der Handelsblatt GmbH veranstaltet. Hier trafen sich Fach-
leute, um die Chancen und Möglichkeiten von Buy-Outs und andere interessante Aspekte zu diskutieren.

Buy-Out-Beispiele

Im folgenden sollen nun drei Buy-Out-Beispiele aufgezeigt werden: das erste Beispiel stammt aus unserer eigenen Beratertätig-
keit, das zweite ging im Frühjahr 1987 groß durch die Presse, und
Beispiel Nr. 3 ist als Modellrechnung in einer Broschüre der 3i-
Gesellschaft für Industriebeteiligungen mbH, Frankfurt, zu finden. Letzteres wurde deshalb gewählt, weil es graphisch sehr
schön die Entwicklung eines Muster-Buy-Outs darstellt.

Erstes Beispiel:

Zwei potentielle Existenzgründer erteilen uns den Auftrag zur Ermittlung eines Kaufpreises für die deutsche Zweigniederlassung
einer amerikanischen Firma. Ziel des Gutachtens war es, Vor-
schläge für einen realistischen Kaufpreis zu machen, einerseits
zum Einstieg in die Kaufverhandlungen und zum anderen als
Festlegung des maximalen Kaufpreises. Darüber hinaus sollten
Tips zur Abwicklung gegeben werden. Bei der amerikanischen
Firma handelte es sich um einen kleinen Elektronikkonzern mit

300 Mitarbeitern in den USA. Die deutsche Niederlassung hatte 16 Mitarbeiter und bestand seit 1980. Sie hatte in diesem Zeitraum – wie später noch ersichtlich – starke Umsatz- und Gewinnschwankungen zu verzeichnen.

Das Unternehmen befaßte sich mit der Herstellung von einer absoluten Spezialität im Elektronikbereich mit sehr kleinem, weltweitem Markt. Die angewendete Technik an sich ist einige Jahrzehnte alt und wurde aus manchen Bereichen komplett verdrängt. Andererseits gibt es Anwendungen, für die diese Technologie nach wie vor die geeignetste ist und sich auch in den nächsten Jahren nicht überholen wird.

1980 bis 1988 hat sich das Unternehmen wie folgt entwickelt:

Jahr	Umsatz	Ergebnis
1980	55.000 DM	− 260.000 DM
1981	105.000 DM	− 430.000 DM
1982	480.000 DM	− 495.000 DM
1983	2.600.000 DM	− 95.000 DM
1984	8.315.000 DM	+ 285.000 DM
1985	6.910.000 DM	+ 152.000 DM
1986	5.900.000 DM	+ 452.000 DM
1987	3.810.000 DM	+ 340.000 DM

Für das Jahr 1988 war ein Umsatz von ca. 2,2 Mio. DM zu erwarten.

Die Niederlassung sollte unter anderem deshalb veräußert werden, weil die amerikanischen Eigner Bedenken hatten, die Niederlassung könne (nach amerikanischer Kalkulation) wieder in die Verlustzone kommen. Dies hätte ein weiteres Ansteigen des Verrechnungskontos der amerikanischen Mutter zur Folge gehabt (Anstieg der kurzfristigen Verbindlichkeiten).

Zu sehen war auch, daß allein durch das „Fremdsteuern" der Niederlassung vom Ausland aus Aufwendungen entstehen, die bei einer alleinigen Führung von Deutschland aus nicht entstehen würden. Zum Beispiel die Kosten für die Beauftragung externer Steuerberater- und Anwaltbüros zur Prüfung und die extrem aufwendige Geschäfts- und Betriebsbuchhaltung über ein Rechenzentrum im europäischen Ausland, die allein einige Zigtausend DM im Jahr verschlang.

Die amerikanischen Eigner wollten entweder die Niederlassung liquidieren oder sie verkaufen.

Diesen rechneten wir nun vor, daß bei einer Liquidierung sämtliches Anlage- und Umlaufvermögen in die USA geschafft werden müßte, was Transportkosten von ca. 65.000 DM zur Folge gehabt hätte. Zudem hätten an die Mitarbeiter Abfindungen gezahlt werden müssen. Wir errechneten eine voraussichtliche Höhe der Abfindungen, allerdings ohne den kaufmännischen Prokuristen und den technischen Leiter, von 205.000 DM. Insgesamt wären also mindestens 270.000 DM an Kosten bei einer Liquidation den amerikanischen Eignern entstanden.

So lag es nahe, daß diese versuchten, die Niederlassung zu verkaufen. Daher haben wir die Chancen und Risiken der Niederlassung als eigenständiges Unternehmen geprüft. Die Umsätze wurden mit ca. 30 verschiedenen Kunden gemacht, von denen keiner einen außergewöhnlich hohen Anteil hatte.

Auch die Technologie wird für die nächsten Jahre noch für gut zwei Mio. DM Jahresumsatz sorgen. Zudem hatten der technische Leiter und der kaufmännische Prokurist bereits ein neues Produkt entwickelt (natürlich in ihrer Freizeit!), das in drei bis fünf Jahren zu einem vielversprechenden zweiten Bein ausgebaut werden konnte.

Um allerdings die Firma rentabel fortzuführen, hätten sechs Mitarbeiter entlassen werden müssen. Wir errechneten Kosten für die Trennung von voraussichtlich 70.000 DM.

Basierend auf den Jahresabschlüssen der letzten acht Jahre sowie einer Zukunftserfolgsrechnung, die auf der Grundlage der neuen Kostenstruktur erstellt und auf der Basis des beschriebenen Mindestumsatzes berechnet wurde, haben wir den Ertragswert mit 1.250.000 DM ermittelt.

Die Forderungen und Verbindlichkeiten sollten noch vom amerikanischen Eigner übernommen werden. Bezüglich der Substanz wurde das betriebsnotwendige Vermögen mit 380.000 DM ermittelt.

Der recht hohe Ertragswert durfte natürlich nur ein Anhaltspunkt für die Perspektiven des Käufers sein, nicht jedoch eine Größe für die Kaufverhandlungen.

Hier wurde folgender Vorschlag unterbreitet:

Angenommener Ertragswert	500.000 DM
Substanzwert	380.000 DM
Mittelwert	440.000 DM

440.000 DM wurden unter der Voraussetzung angeboten, daß die amerikanische Mutter sämtliche Forderungen und Verbindlichkeiten übernehmen würde. Dazu gehörten natürlich auch die nichtbilanzierten, so beispielsweise die Kosten für den „Mini-Sozialplan". Desweiteren mußte die Bereitschaft bestehen, das nicht betriebsnotwendige Vermögen zurückzunehmen.

Für den amerikanischen Konzern stellte sich dies nach einigen Verhandlungen wie folgt dar:

Substanzwert	**380.000 DM**
Ertragswert	500.000 DM
Mittelwert	**440.000 DM**
Verbindlichkeiten	ca. 300.000 DM
+ Forderungen	ca. 300.000 DM
Zwischensumme	440.000 DM
− „Mini-Sozialplan"	ca. 70.000 DM
Überschuß	370.000 DM

Das Unternehmen ging schließlich für 480.000 DM „über den Ladentisch". Es wurde noch ein Betriebsmittelbedarf von ca. 120.000 DM berechnet, so daß sich das gesamte Finanzierungsvolumen für die beiden Gründer auf 600.000 DM belief. Dieses zumindest für einen Firmenkauf noch relativ kleine Volumen konnte mit staatlichen Fördermitteln finanziert werden.

Zweites Beispiel:

Dieses Beispiel ging im Frühjahr 1987 mehrfach durch die Presse. Es handelt sich hier um die Übernahme des ehemaligen Werkes Hausach der Thyssen-Industrie AG, das Anfang 1986 von den beiden Werksleitern Friedrich-Karl Simon (39) und Hans-Jürgen Sokol (34) übernommen wurde. Das Unternehmen firmiert seit Februar 1987 als „Umformtechnik Hausach GmbH", verfügt über 90.000 Quadratmeter Werksgelände und beschäftigt etwa 400 Mitarbeiter. Die Firma fertigt Container, vor allem Kleincontainer für den Transport gefährlicher Güter. Die Exportquote des Unternehmens soll 40 Prozent betragen.

Das für die Übernahme erforderliche Finanzierungsvolumen betrug 12.500.000 DM. Es bestand aus zwei Teilen. Den ersten Teil bildeten 6.000.000 DM Eigenkapital, das zu $16\frac{2}{3}$ Prozent von den beiden Gründern, zu $33\frac{1}{3}$ Prozent von der MBG und zu 50 Prozent von der WFG finanziert wurde. Der zweite Teil von 6.000.000 DM wurde durch Banken fremdfinanziert.

Die Verträge sahen eine allmähliche Aufstockung der Gesellschafteranteile der beiden Manager vor.

Drittes Beispiel:

Dieses Beispiel stammt aus einer Broschüre der 3i-Gesellschaft für Industriebeteiligungen mbH, Frankfurt. Es wurde gewählt, weil es graphisch die Entwicklung eines Buy-Outs über fünf Jahre plastisch darstellt. Als Voraussetzung für einen erfolgreichen Buy-Out nennt 3i ein fähiges und eingespieltes Managementteam, das die Chancen der unternehmerischen Freiheit zu nutzen weiß. Zudem sollten alle wichtigen Managementfunktionen im Team gut abgedeckt sein.

Dazu müsse der Wert der Firma sich nach dem Buy-Out mittelfristig wesentlich erhöhen. Dies erfolge normalerweise durch steigende Erträge oder Verringerung der Kapitalbindung. Auf alle Fälle müsse die Firma in der Lage sein, mittelfristig einen Teil des Kaufpreises zurückzuzahlen.

Die Firma müsse zudem nach der Durchführung des Buy-Outs eigenständig lebensfähig sein. Enge Beziehungen zum ehemaligen Konzern seien zwar sinnvoll, jedoch dürfe dies keine Abhängigkeit bedeuten. Letzteres bezieht sich naturgemäß auf die Abspaltung von einzelnen Bereichen von Großunternehmen.

Nachstehende Abbildung zeigt die Entwicklung des Wertes einer Firma und deren Beteiligung am Wertzuwachs bei einem Management-Buy-Out sehr gut.

Beispiel:
Eine Firma wird für 20 Millionen DM gekauft und in folgenden Teilen finanziert:

○ Bankkredite, abgesichert durch die Firma.
○ Kapital in Form von stiller Beteiligung und Stammkapital durch 3i.
○ Kapital vom Management, ohne daß sonstige Garantien verlangt werden.

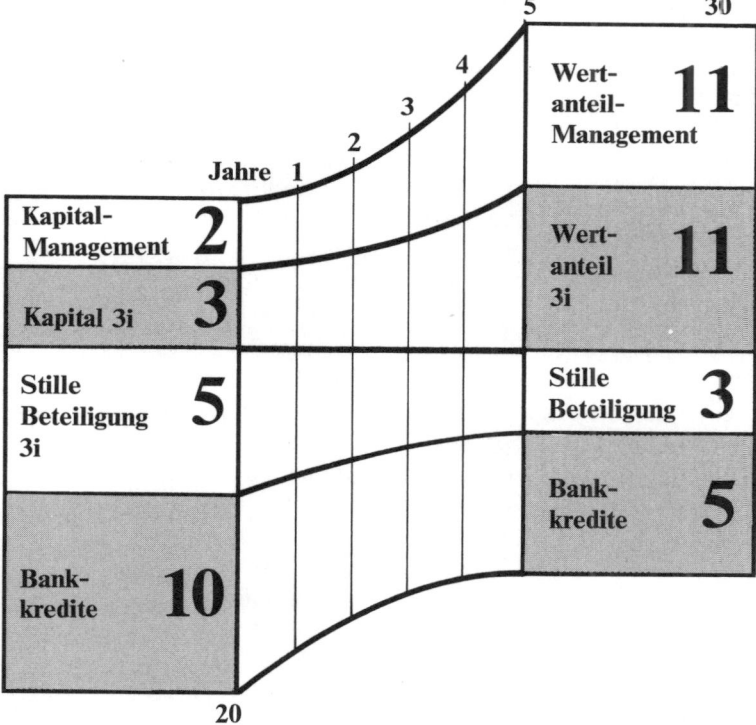

Nach fünf Jahren:
○ sind ein Teil des Bankkredits sowie ein Teil der stillen Beteiligung aus dem Cash-flow der Firma getilgt
○ hat sich der Wert der Firma erhöht
○ partizipiert das Management an dem erhöhten Wert überproportional zu seinem Kapitaleinsatz.

Anhang

Stichwortverzeichnis

Literaturverzeichnis

Albert, Kenneth: Gründen – kaufen – franchisen, 1. Auflage, Bonn-Bad Godesberg, 1982

Beisel, W./Klumpp, H.-H.: Der Unternehmenskauf, o. Aufl., München 1985

Bellinger, B./Vahl, G.: Unternehmensberatung in Theorie und Praxis, Wiesbaden 1984

Bernewitz, T.: Unternehmen als Inkubatoren und Promotoren von „Spin-Off"-Betriebsgründungen, aus: Schriftenreihe Wirtschaftsjunioren Hannover Band 1, Hannover 1988

Böckel, J.-J.: Diversifikationen durch Unternehmenserwerb, Wiesbaden 1982

Brand, M.: Ein guter Unternehmensverkauf will sorgfältig geplant sei, in: Management-Zeitschrift Nr. 2, 56. Jg., Zürich 1987, Seite 101–103

Bretzke, W.-R.: Zur Berücksichtigung des Risikos bei der Unternehmensbewertung, in: Zeitschrift für betriebswirtschaftliche Forschung, 28. Jg., 1976, Seite 153–165

Deutsches Ärzteblatt: Richtlinien zur Bewertung von Arztpraxen, in: Deutsches Ärzteblatt 84, Heft 14, Jahrgang 1987

Fisher, L./Lorie, T.: Some Studies of Variability of Returns on Investments in Common Stock, in: Journal of Business, April 1980

Goetzke/König: Die Bewertung von Freiberuflerpraxen, in: Goetzke/Sieben (Hrsg.), Moderne Unternehmensbewertung und Grundsätze ihrer ordnungsmäßigen Durchführung, Köln 1977

Hanraths, J.: Bilanzrichtliniengesetz (I), in: Handelsblatt, Nr. 20, 29. 1. 1986

Helbing, C.: Unternehmensbewertung und Steuern, 4. neubearbeitete Aufl., Düsseldorf 1982

Hess, J.: Unternehmenserwerb, in: Handelsblatt, 10. 11. 1986

Holzapfel, Hans-Joachim/Pöllath, Reinhard: Recht und Praxis des Unternehmenskaufs, 4. Auflage, Köln 1989

Howell, R. A.: Plan to integrate your acquisition, in: Harvard Business Review, November–Dezember 1970

Jung, W.: Praxis des Unternehmenskaufs, Stuttgart 1983

Kitching, J.: Why do mergers miscarry? In: Reprints from Harvard Business Review, November–Dezember 1967

Larcier, R. L.: Kauf und Verkauf von Unternehmen, München 1973 (Übersetzung von: Acheter ou vendre une entreprise, Paris 1971)

Lermacher, R.: Handbuch der Unternehmensbewertung, Wiesbaden 1979

Löhr, W.: Steuerrecht für Betriebswirte, 11. überarbeit. Aufl., Bad Homburg 1983

Moxter, A.: Grundsätze ordnungsgemäßer Unternehmensbewertung, Wiesbaden 1976

Olbrich, Christian: Unternehmensbewertung – ein Leitfaden für die Praxis, 1. Auflage, Herne/Berlin 1981

Reilly, F.: Pricing an Acquisition: A 15-step Methodology, in: Mergers & Acquisitions, Volume 14, No. 2, Sommer 1979

Rödl, A.: Kreditrisiken und ihre Früherkennung. Ein Informationssystem zur Erhaltung der Unternehmung, Düsseldorf 1979

Sachse, C.: Existenzgründung, in: Management-Wissen Nr. 5, Mai 1987, Seite 72–77

Salter, M. S./Weinhold, A.: Diversification via acquisition: creating value, in: Reprints from Harvard Business Review, Juli–August 1978

Sattler, A./Haberkorn, K./Kimmerle, H. J.: Selbständig machen – erfolgreich selbständig bleiben, Schorndorf 1985

Schimmelpfeng GmbH (Hrsg.): Aktuelle Beiträge über Insolvenzen, 2. Auflage, Düsseldorf 1977

Schmidtke, A.: Praxis des Venture Capital-Geschäftes, Landsberg 1985

Tremml/Schiffer, Firmenkäufe, 1. Aufl., Planegg/München 1987

Wollny, Paul: Unternehmens- und Praxisübertragungen, 1. Aufl., Ludwigshafen 1988

Das Gesamt-Programm

Reinhold Schütt
Praxis des
Geschäftslebens
Das umfassende Praktiker-Handbuch
für alle Fragen der täglichen Unternehmenspraxis. 640 S., geb., Bestell-Nr. 589, **148,–DM**

Heinz Alpers/Andreas Sattler
Wie mache ich mich als
Unternehmensberater
selbständig
2., überarbeitete Auflage, 224 S., geb.,
Bestell-Nr. 579, **79,80 DM**

Sigurd R. Betz
Wie mache ich mich mit
einem Taxi und Kurierdienst
selbständig
2., überarbeitete Auflage, 224 S., Bestell-Nr. 558, **49,80 DM**

Johannes Bischoff/Jürgen Tracht
Wie mache ich mich als
Handelsvertreter selbständig
Ratgeber für Einsteiger und Profis.
192 S., Bestell-Nr. 565, **49,80 DM**

Gerd Dörr/Egon Raasch
Das Reisegeschäft –
Wie gründe und führe ich ein
Reisebüro
3., überarbeitete Auflage, 256 S., Bestell-Nr. 559, **49,80 DM**

Werner Gros
Wie gründe und führe ich
eine Gaststätte
2. Auflage, 176 S., Großformat, Bestell-Nr. 575, **49,80 DM**

Hermann Keppler/Horst Mehler
Wie mache ich mich als Heil-
praktiker selbständig
2., überarbeitete Auflage, 240 S., Bestell-Nr. 556, **49,80 DM**

Gitta Kraml/Peter Kochanski
Wie mache ich mich im Textil-
Einzelhandel selbständig
2., überarbeitete Auflage, 240 S., geb.,
Bestell-Nr. 584, **79,80 DM**

Dieter Losinski/Horst Mehler
Spitzenverdiener in der
Versicherungsbranche
Geschäftsgeheimnisse erfolgreicher
Versicherungsprofis. 256 S., geb., Bestell-Nr. 613, **79,80 DM**

Horst Mehler/Norbert Albrecht
Geschäfte rund ums Auto
Über 100 Ideen, wie Sie mit Autos
Geld verdienen. 240 S., Bestell-Nr.569,
2., überarbeitete Auflage, **49,80 DM**

Horst Mehler/Wolfgang Zabel
Wie mache ich mich in der
Versicherungsbranche selb-
ständig
2., überarbeitete Auflage, 272 S., Bestell-Nr. 560, **49,80**

Heinz Mollenhauer
Wie mache ich mich mit
Fotografieren selbständig
4., überarbeitete Auflage, 224 S., Bestell-Nr. 543, **49,80 DM**

Ralf Plenz
Wie mache ich mich mit
einem Verlag selbständig
2., überarb. Aufl., 272 S., geb., Bestell-Nr. 599, **79,80 DM**

Andreas Sattler
Wie mache ich mich als
Ingenieur selbständig
2., überarbeitete Auflage, 152 S.,
Bestell-Nr. 561, **49,80 DM**

Reinhold Schütt
Mein Versandgeschäft
Alles, was Sie für den Start ins lukrative Versandhandelsgeschäft brauchen.
3., überarbeitete Auflage, 256 S., geb.,
Großformat, Bestell-Nr. 530, **98,– DM**

Reinhold Schütt
Import – Export
Ein Wegweiser zum erfolgreichen Aufbau einer Import-Export-Firma 4.,
überarbeitete Auflage, 304 S., geb.,
Großformat, Bestell-Nr. 532, **98,– DM**

Friedhelm Franken (Hrsg.)
Repräsentanten der Republik
Die deutschen Bundespräsidenten in
Reden und Zeitbildern. 320 S., geb.,
Bestell-Nr. 603, **68,– DM**

RENTROP

VERLAG

Ulf E. Dörr
Mein Geld und die Bank
Ratgeber für den erfolgreichen Umgang mit Geldinstituten. 2., überarbeitete Auflage, 368 S., geb., Bestell-Nr. 578, **79,80 DM**

H. G. Mirbach
Das Recht auf selbständige Arbeit
Ihr Leitfaden bei allen Fragen zu Unternehmensgründung und Handwerksrecht. 2., überarbeitete Auflage, 320 S., geb., Bestell-Nr. 555, **128,– DM**

Hans-Hermann Stück
Wirtschaftsrecht – leicht gemacht
Dieses Handbuch faßt die wichtigsten Bereiche des Wirtschaftsrechts zusammen. 192 S., Bestell-Nr. 573, **49,80 DM**

Hans-J. Wollenberg
Geldanlage in Spanien
Alles über Geschäftseröffnung, Immobilien, Börse, Bank, Steuern und Recht. 240 S., Bestell-Nr. 595, **79,80 DM**

Uwe Conrad/Wolfgang J. Hütter
Immobilien erfolgreich verkaufen
Wie Sie neue Einfamilienhäuser zielorientiert vermarkten, 2., überarbeitete Auflage, 224 S., geb., Bestell-Nr. 581, **79,80 DM**

Klaus Kempe/Horst Mehler
Der Millionen-Coup
Klaus Kempe, einer der größten Immobilienmakler Deutschlands, verrät Ihnen, wie es ihm gelang, innerhalb von 3 Monaten an einem Objekt 3 Millionen DM zu verdienen, 256 S., geb., Bestell-Nr. 585, **49,80 DM**

Klaus Kempe/Horst Mehler
Wie man mit Immobilien ein Vermögen aufbaut
Erfahren Sie, wie Sie selbst aktiv in die großen Immobiliengeschäfte einsteigen. 3., überarbeitete Auflage, 240 S., geb., Bestell-Nr. 568, **79,80 DM**

A. D. Kessler
Kreative Geschäfte mit Grund und Boden
Der amerikanische Weg zu Immobilienerfolg. 320 S., geb., Bestell-Nr. 611, **79,80 DM**

Horst Mehler/Klaus Kempe
Wie mache ich mich als Immobilienmakler selbständig
Lesen Sie, wie Sie Marktchancen realistisch einschätzen und richtig nutzen. 4., erweiterte Auflage, 352 S., geb., Bestell-Nr. 551, **79,80 DM**

Werner Siepe
Wie ersteigere ich ein Haus oder eine Wohnung
Das ABC der Zwangsversteigerung „Sehr empfehlenswert." *(Immobilien-Wirtschaft heute)* 5., aktualisierte Auflage, 336 S., geb., Bestell-Nr. 572, **98,– DM**

Werner Siepe
Die beste Finanzierung für Ihr eigenes Haus
Der praktische Ratgeber für Haus- und Wohnungseigentümer und solche, die es werden wollen. 3., überarbeitete Auflage, 384 S., geb., Bestell-Nr. 592, **79,80 DM**

Werner Siepe
So sparen Sie richtig Steuern mit Haus und Wohnung
400 S., geb., Bestell-Nr. 610, **79,80 DM**

Vera F. Birkenbihl
Der persönliche Erfolg
„Programmieren" Sie sich selbst auf Erfolg! 272 S., geb., Bestell-Nr. 548, **49,80 DM**

Napoleon Hill
Napoleon Hills Gesetze des Erfolgs
Berühmt durch „Denke nach und werde reich" schuf Hill mit diesem Buch einen Klassiker des Positiv-Denkens. 640 S., geb. Bestell-Nr. 597, **148,– DM**

Og Mandino
Das Geheimnis des Erfolgs
Ein einzigartiges Trainingsprogramm für den persönlichen Erfolg. Über 4 Millionen Weltauflage! 4. Auflage, 192 S., geb., Bestell-Nr. 505, **49,80 DM**

A. R. Stielau-Pallas
Ab heute erfolgreich
Sie werden eine ganz andere Persönlichkeit sein, wenn Sie dieses Buch gelesen haben. 4. Auflage, 272 S., geb., Bestel -Nr. 521, **49,80 DM**

A. R. Stielau-Pallas
Die zehn Gebote für Ihren Erfolg
Gestalten Sie Ihr Leben ab sofort erfolgreicher! 3., überarbeitete Auflage, 336 S., geb., Bestell-Nr. 517, **49,80 DM**

1000 Ideen für erfolgreiche Werbung

1. Band: Fachwissen
2. Band: Praxisbeispiele

„Der Werbeberater" Ideenservice für erfolgreiche Werbung und Öffentlichkeitsarbeit

2.276 Seiten Praxiswissen

- Die interessantesten Anzeigen und Headlines
- Direktwerbe-Praxis
- Werbeartikel-Ideenservice
- Verkaufsförderungs-Aktionen und Veranstaltungen

- Gestaltungs- und Dekorationsideen
- Werbetext-Seminar
- Motivations- und Schulungstechnik aus der Praxis
- Jeden Monat neu: etwa 60 Seiten mit neuen Ideen und Werbevorschlägen

Erfolgreiche Werbung muß nicht teuer sein

Bislang konnten sich nur große Unternehmen den Service teurer Werbeagenturen leisten. Das war schade. Denn gerade in dynamischen kleineren Unternehmen kann die richtige Werbeidee sehr schnell mehr Umsatz und Gewinn bewirken. Deshalb gibt's jetzt den „Werbeberater". Unser Expertenteam liefert Ihnen das gesamte Werbewissen und aktuelle Ideen. Sie brauchen nur noch zuzugreifen.

Kompaktes Fachwissen Werbung: Alles, was Sie wissen müssen.

„Der Werbeberater" ist ein unentbehrliches Arbeitsmittel für Ihre tägliche Praxis. Was immer in Deutschland für erfolgreiche Ideen in der Werbung und Öffentlichkeitsarbeit entstehen – Ihnen bleibt nichts mehr verborgen. Jede Menge Beispiele: Wie Sie neue Kunden finden. Wie Sie in die Zeitung kommen. Wie Sie aus Gelegenheitskäufern Stammkunden machen. Wie Sie Ihre Anzeigen aus der Masse herausheben. Wie Sie erfolgreiche Werbebriefe texten.

„Der Werbeberater" bleibt immer aktuell

In der Werbung gibt es laufend Veränderungen. Regelmäßig durchforstet die „Werbeberater"-Redaktion für Sie mehr als 100 Zeitschriften nach neuen Ideen. In jeder steckt der Kern für viele weitere Anwendungsmöglichkeiten. Sofort umsetzbar, mit Beispielen, Adressen, Telefonnummern, Preis- und Kostenangaben.
„Der Werbeberater" macht sich schnell bezahlt. Selbst kleine Anzeigen kosten schnell ein paar hundert DM. Wenn „Der Werbeberater" Sie vor einem einzigen Flop bewahren kann, hat er sich bereits mehr als bezahlt gemacht.

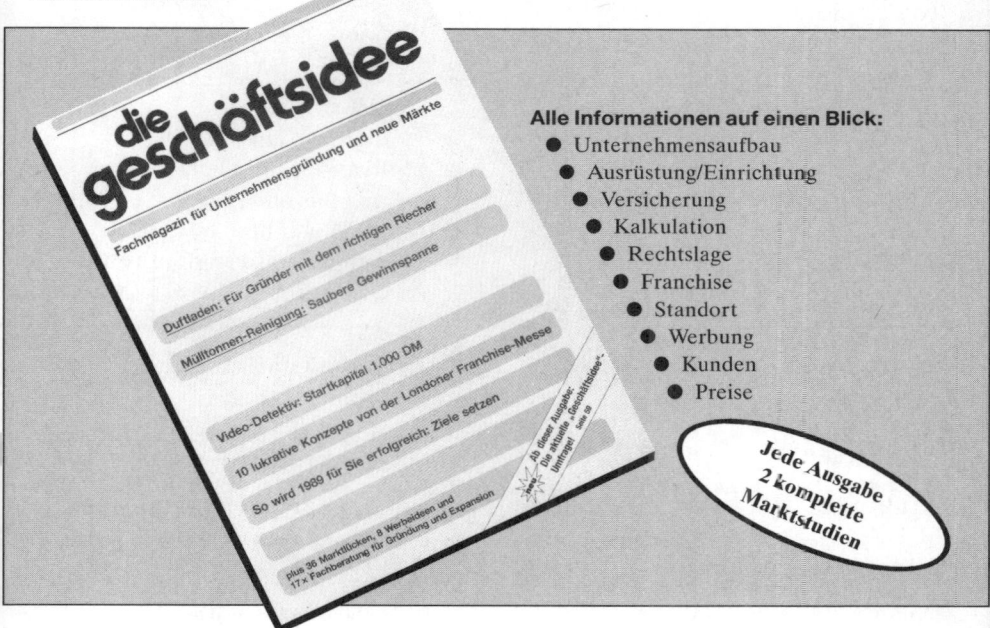

Reinhold Schütt

Praxis des Geschäftslebens

Das umfassende Handbuch für Unternehmer und alle, die sich für unser Wirtschaftleben interessieren. Von Diplom-Kaufmann Reinhold Schütt, dem Autor unserer erfolgreichen Titel „Import-Export", „Mein Versandgeschäft" und „Direktvertrieb".

Dieses Buch ist aus der Praxis für die Praxis geschrieben: Auf Basis der wirtschaftlichen Rahmenbedingungen, der Theorie und der Gesetzgebung entwickelt Reinhold Schütt in 20 ausführlichen Kapiteln konkrete Anleitungen für die tägliche Praxis.

Zahlreiche Beispiele aus einem real existierenden Unternehmen verdeutlichen die Themen und vermitteln Ihnen sofort umsetzbares Unternehmerwissen von A bis Z, von Allgemeine Geschäftsbedingungen über Materialwirtschaft und Personal bis Zahlungsverkehr. Abgerundet wird die Darstellung durch Tabellen, Grafiken und Abbildungen.

So können Sie die vielen Informationen und Tips auf Ihre eigene Situation, auf Ihr eigenes Unternehmen umsetzen und vermeiden schlechte Erfahrungen und Fehler, die teures Geld kosten.

„Praxis des Geschäftslebens" – Ihr Fahrplan durch unsere Wirtschaft und das Geschäftsleben!

640 Seiten, gebunden mit Schutzumschlag

Bestell-Nr. 589

148,— DM